大学生のための
異文化・国際理解

差異と多様性への誘い

高城　玲　編著

丸善出版

目　　次

【第Ⅰ部　異文化・国際理解とフィールドワーク】

第1章　異文化・国際理解への招待（高城　玲）　2

1　異文化・国際理解へ……2
2　身近にもある異文化・国際理解＝他者理解……4
3　差異を認める他者理解……6
4　他者理解の楽しさと困難さ……7
5　経験のなかの他者理解との出会い……9
6　本書の概要……13

第2章　フィールドに出会う、フィールドで考える ——自文化と異文化の往還（中野　紀和）　17

1　フィールドとの出会い……17
2　方法の模索……24
3　研究を相対化する……28

【第Ⅱ部　歴史と国際関係】

第3章　ナショナリズムと民族紛争（吉留　公太）　32

1　民族紛争……32
2　エスニシティ……33
3「ネイション」の多義性……34
4　ネイションの起源……36
5　ナショナリズム……37
6　主権国家……38
7　国民国家……39
8　帝国主義と民族自決運動……40
9　グローバリゼーションと体制転換……42
10　まとめ……44

第４章　多文化主義と歴史認識
——オーストラリアに学ぶ（杉田　弘也）　46

1　なぜオーストラリアに学ぶのか……46
2　オーストラリアの多文化主義……51
3　人種差別禁止法（Racial Discrimination.Act,1975）……55
4　オーストラリアの先住民族について……56
5　まとめ——日本への影響（implications）……60

第５章　布を通して見た江戸期日本の異文化受容
——イランの絹織物を通して（阿部　克彦）　62

1　ものによる交流史……62
2　日本に渡来したイランの染織品……64
3　オランダ東インド会社とイランの絹織物……66
4　茶の湯のなかのイランの絹織物……68
5　イランから日本へ……72
6　おわりに……73

【第Ⅲ部　異文化（他者）と表象】

第６章　「祖国」という名の異国、「同胞」という名の他者と向かい合う（八尾　祥平）　76

1　在日コリアンにとっての近代と「家」問題……76
2　李良枝の生涯……80
3　『由熙』を読む……82
4　異国としての「祖国」……85

第７章　表象 / 消費される異文化——日本のメディアで生みだされる東南アジアへのまなざし（高城　玲）　89

1　はじめに……89
2　表象と消費……90
3　日本が表象 / 消費する東南アジア……91
4　日本のメディアにおける東南アジアへのまなざし……96
5　おわりに……98

第8章　イスラームにおける聖なるものの表象
——預言者・聖者の描写について（阿部　克彦）　100

1　イスラームが禁じる偶像崇拝について …… 100
2　イスラームの造形芸術に対する姿勢 …… 102
3　イスラームにおける宗教美術とは …… 105
4　預言者ムハンマドの図像化 …… 110
5　おわりに …… 114

第9章　メディアにおける犯罪の社会的構築
——「他者」との共生へむけて（大庭　絵里）　115

1　犯罪とは何か …… 115
2　ニュース・メディアにおける犯罪 …… 118
3　社会統制機能をもつ犯罪ニュース …… 120
4　犯罪統計からみる日本の犯罪 …… 122
5　厳罰 …… 123
6　更生・保護　他者との共生 …… 124
7「他者」との共生へ …… 125

【第Ⅳ部　差異と多様性】

第10章　アジアの「周縁」間を移動する人々
——台湾・沖縄間を事例に（八尾　祥平）　128

1　ポストコロニアル研究と世界システム論 …… 128
2「技術導入事業」による台湾から沖縄への人の移動 …… 132
3「技術導入事業」を題材にした小説『魚群記』を読む …… 139

第11章　病むという経験の多様性（古谷　伸子）　143

1　病気になるということ …… 143
2　病気の原因 …… 145
3　病気への対処法 …… 148
4　北タイ農村における病気と文化 …… 150
5　おわりに——病気をめぐる異文化理解へむけて …… 154

第12章　つくられる「男らしさ」「女らしさ」
——ジェンダーと身体の構築性（飯國　有佳子）　156

1　はじめに …… 156
2　つくられる「男らしさ」「女らしさ」…… 158
3　身体の多様性 …… 160
4　日常生活におけるジェンダーの構築 …… 162
5　変化するジェンダー秩序・規範 …… 164
6　おわりに …… 166

第13章　差別と社会——障害者問題をてがかりに（泉水　英計）　168

1　多数者のつくる世界観 …… 168
2　障害者運動の視角 …… 174
3　植民地的心性 …… 177

第14章　国境を越える民族のアイデンティティ
——タイ・中国・ベトナムのヤオ族（廣田　律子）　181

1　移動する生活 …… 181
2　通過儀礼から読み取れる世界観 …… 188
3　文化資源の継承 …… 191

あとがき …… 197
索　　引 …… 199
編著者・執筆者紹介 …… 203

第 I 部

異文化・国際理解とフィールドワーク

第1章
異文化・国際理解への招待

高城　玲

異文化理解や国際理解の重要性が説かれるようになってからすでに久しい。が、私たちは異文化理解や国際理解について身近な問題としてじっくりと考えてみたことがあるだろうか。本書では、特に文化人類学と国際関係論双方の視点を合わせながら、ひとつの学問分野に特化せず、多様な専門分野の執筆者によって、複眼的な広い視点から異文化・国際理解の可能性を議論する。その冒頭におかれる本章は、全体への導入的な意味をもつ。特に異文化・国際理解を他者理解と位置づけ、日常のいたるところ身近にも存在する他者理解の可能性という視角を提示する。筆者自身のタイでのフィールドワーク経験も参考にしながら、他者理解という経験の楽しさと同時に難しさについても考えてみよう。

1　異文化・国際理解へ

本書は、大学などでこれから異文化理解や国際理解を専攻しようとする初学者のみならず、むしろそれ以外の他分野を専攻予定のより広い人々を対象としている。いわば、初めてこの分野に触れるきっかけとしての入門書的な位置づけである。

特に、異文化理解と国際理解の双方の意味を含めて「**異文化・国際理解**」という言葉を表題に用いている点がひとつの特徴である。この言葉はそれほど一般的に使われるものではないだろう。異文化理解と国際理解のそれぞれに関しては、各学問分野においてこれまでも別個に多く論じられてきた。特に異文化理解という言葉は、**文化人類学**などの学問分野を背景として、限定的に用いられることも多い。それに対して国際理解はより広い一般的な意味でも使われる言葉であるが、ここでは**国際関係論**などの学問分野を背景とするより限定的な意味合いも込めて使用する。

本書では、主にこの二つの分野を合わせて「異文化・国際理解」という言葉で表現したい。つまり、文化人類学や国際関係論などそれぞれの学問分野で培われてきた議論を別個のものとして一方のみに限定するのではなく、双方の学問分野における議論を合わせて、他にもより複眼的な視点を提示しようとする点が本書の特徴である。

本書の背景と意図

異文化理解に関しては主として文化人類学などを専攻する人々を対象とする入門書が多く出版され、他方で、国際関係論などを専攻する人々を対象とする入門書も数多い。しかしながら、それぞれの学問分野を専攻とはしないが、異文化理解と国際理解双方に関する基礎的な認識が必要となる人々に向けた入門書は、それほど多くはない。本書は、ひとつの学問分野に特化せず、特に文化人類学と国際関係論の他にも、社会学や民俗学、地域研究、美術史などを専門とする執筆者によって、より広い視点から各章の議論を展開していくという意図をもっている。

例えば、これから経営学や経済学を専攻する人々にとって、日本企業の海外進出など、現在の地球規模の経済・経営環境を考えたとき、異文化理解や国際理解は必須となるだろう。また、外国語を専攻しようとする人々にとっても、各国の言語に限定しない、より広い意味での異文化・国際理解への認識は避けて通れない。一見分野違いに思われる日本の歴史や文化を専攻とする場合でも、他地域との文化的交流など、国を超えた広がりと多様性の中で日本を理解する視点が必要となってくる。つまり、これからの現代社会を生きていく限りにおいて、理系を含めたほぼすべての学問分野を専攻しようとする人々にとっても、異文化・国際理解という視点を無視して過ごすわけにはいかないのである。

本書は、こうした人々にとっても、興味や関心をもってもらう最初のきっかけとなることを主な目的としている。そのために、特定の専門学問分野に特化せず、より広範な視点から異文化・国際理解の考え方に触れてもらうこととした。これが「**異文化・国際理解**」という書名の背景である。

以下、本章でまずは筆者自身の経験も題材にしながら、異文化・国際理解に関して、**他者理解**というひとつの視角から議論を始めてみよう[1)]。

1）本章の議論の一部は、別稿（高城玲，2012「異文化理解との出会いと導きの糸」神奈川大学経営学部編『学修方法の基礎――経営学部での学び方』神奈川大学経営学部）でも論じている。

2　身近にもある異文化・国際理解＝他者理解

海外や外国語のみに限定されない異文化・国際理解

異文化理解や国際理解というと、何か肩肘を張った大きな問題のように感じるかもしれない。まず、頭に浮かぶのは、外国語をマスターしたうえで、海外に出むき、外国人とその文化を理解しようとすることだという印象ではないだろうか。外国語を流暢に話し、世界を相手に仕事をしていくような特定の人々にのみ必要なことと思うかもしれない。いわば、異文化理解や国際理解とは、私たちの日常とはかけ離れたことと認識されている一面もあるだろう。

もちろん、グローバル化時代が叫ばれてすでに長い年数が経過している昨今、世界を相手に仕事をするためにも、外国語を身につけたうえで海外で生活し、その異文化を理解するという営為の重要性は、いっそう強まっているといえる。ただ、ここであえて強調したいのは、異文化理解や国際理解が外国語や海外での経験のみに限定される特別なことなのではなく、また私たちの日常生活とは疎遠なことばかりではない、という点である。別の言葉で言い換えれば、異文化や国際との出会いは日常の身近な至るところにもあふれかえっているということである。

例えば、大学内の授業やサークルで留学生と日常的に触れ合う機会も少なくないだろう。また、学外でも偶然入った店の店員が外国人だったなどという経験は今や日常茶飯事である。そうした日常的な身近な場所に異文化との出会いはいくらでもころがっているのだ。

バンコクにおける日本人駐在員家族の事例

逆にいえば、海外に出かけて行ったから、あるいは、海外に住んでいるからといって、必ずしもその異文化と積極的に出会い、理解しようとしているとは限らない。例えば、筆者が東南アジアのタイで長期のフィールドワークをしていた際に、首都のバンコクで見知った日本人の例をあげてみよう。

バンコクは、世界でも非常に多くの在留邦人が居住している首都のひとつである。そこでは、スクムヴィット通りをはじめとして多くの日本人同士がかたまって、同じコンドミニアムに集住しているケースも多くみられる。近くには、日本の食材を揃えたスーパーマーケットの他、日本料理店、日本語の書店はもとより、レンタルビデオ店、クリーニング店、クリニック、歯科医院など、ありとあらゆる日本人向けのサービスが整えられている（**図1-1**）。現在では「東京都バンコク区」とさえいわれることもある。

企業の駐在員として会社で働いている人々は、職場で現地タイの社員やクライアントと接する機会もそれなりに多くあるだろう。しかしながら、そうした駐在員の家族としてタイに居住している人は、身近に日本のサービスがあふれている環境の中で、特に現地タイの人々と関わりをもたなくても、日本と同じような、あるいは日本以上に便利な日常生活が送れるのである。なかには異国のバンコクで、日本食のみを食べ、日本のテレビを衛星放送で見、日本語の新聞と雑誌を購読し、会話をするのも家族か、近隣の日本人のみという極端な人も見受けられる。つまり、このような人は、確かにタイという海外の異文化社会に居住してはいるが、すべて日本流で貫いているのである。そこには現地の異文化を理解しようとする意識や意志が完全に欠落しているといえるだろう。

図1-1　タイのスーパーに並ぶ日本の食材

日本における異文化・国際理解との出会い

逆に、日本国内に居ながらにしても、意識さえしていれば、異文化との出会いはいくらでも見出せる。日本国内で海外の人々や文化と触れ合うということだけではなく、より広く異文化や国際を「他者」と置き換えて考えてみれば、本当に日常のいたるところに異文化・国際理解＝**他者理解**の機会が埋もれているといえるだろう。

例えば、日本において国際的な他者でもある留学生や海外の人々と出会う機会は、以前と比較にならないほど増えている。またそれ以外にも、東北出身の人にとって、首都圏の大学で出会った大阪出身の同級生は、ある種の異文化＝他者として目に映るだろうし、80歳代の高齢者にとって、渋谷の街を闊歩している若者も、まさに異文化＝他者とよぶにふさわしい存在だろう。より身近な友人や夫婦、恋人関係の相手さえも、自分とは異なる習慣や考え方によって、時に異文化＝他者として感じられる瞬間もあるのではないだろうか。つまり、こうした広い意味での異文化・国際＝他者との出会いは、身近な日常にあふれており、そうした異文化・国際＝他者を理解するということは、私たちが日常を生きていくうえで必要不可欠な重要な行為だといえるのである。

3　差異を認める他者理解

鷲田氏による他者理解のとらえ方

ここでは、異文化・国際理解＝他者理解のとらえ方について考えてみよう。前節で述べたような広い意味での**他者理解**というものを、どのように捉えていけばよいのだろうか。まずはNHKテレビ番組の座談会で語られた鷲田清一氏の言葉を考えるきっかけとして紹介したい[2)]。

鷲田氏は現象学や身体論を専門とする哲学者である。また、ファッションから老いなど、幅広いテーマを一般の人々にもわかりやすく伝え、社会の現場との関わりを重視する臨床哲学を実践している人でもある。2015年からは朝日新聞1面に「折々のことば」を連載している。2008年放映の「異文化理解を深めるには」という対談の中で、鷲田氏は他者理解について次のように述べている。

> 「他者のことを理解するということは、普通考えられているように、その人と考えが同じになるとか、同じ気持ちになるとか、つまり、何かを共有するということでは必ずしもないのではないでしょうか。他者と自分の間に何か共通項を発見するということが、一般に他者の理解のようにいわれていますが、私は実は反対なのではないかと思うのです。つまり、本当に深くつきあえばつきあうほど、交われば交わるほど、お互いの間の**差異**が細部にわたって際立ってくる、そうした経験のほうが多いのではないでしょうか。同じものを見ているのに、あるいは同じ場所に居るのに、あの人はこのように感じるのかと驚く場合があるように、ますます自分と他者との**差異**が繊細なまでに際立ってくる、そうした場合の方が実は多いと思うのです。そして、そのことを無理に理解しようとしないで、違うという事実をそのまま受け入れる、これが、本当の意味での**他者理解**ではないかと思うのです」。

差異を抱えた他者を認める覚悟

この対談の言葉は非常に含蓄に富んでいる。異文化・国際理解を他者理解とし

2）NHK大阪放送局「フィールドへ！　異文化の知を拓く――国立民族学博物館の30年」2008年3月23日放送。

て置き換えたうえで、他者理解とは他者と同質化、均質化していく過程ではなく、むしろ他者との**差異**を見出し、そうした差異を抱えた者同士が同じ地平に生きているという事実を直視すべきだと指摘しているのである。そこには、他者理解ということが、仲良しクラブ的な生やさしいものではなく、差異を抱えた他者をそのまま認め合うというある種の覚悟を必要とするものであることが示されている。

差異を抱えた他者同士は、時にはその差異によって、ぶつかり合い、衝突することもあるかもしれない。他者の差異をそのまま認め合うという他者理解は、そうしたみずからの身を削る覚悟で他者と対峙することでもある。ますますグローバル化していく現代に生きる私たちに求められているのは、そうした差異を含み込んだ**他者理解**への覚悟なのだと、鷲田氏は警鐘を鳴らしているのではないだろうか。

4　他者理解の楽しさと困難さ

他者理解というワクワクする経験

次に、差異を抱えた**他者理解**が本来もっている楽しさと、他方でそれが抱える困難さということについて考えてみたい。

本来、私たち人間は異なるものに対面した時、一方で慎重に警戒しながらも、他方では多かれ少なかれ何らかの好奇心を抱くことが多いだろう。筆者自身の経験としても、普段見慣れている当たり前の世界とはかけ離れた世界に出会うと、まずこれは一体何だろうと好奇の目線で対象に関心を抱く場合が多い。その見慣れない対象は、人である場合もあれば、モノである場合も、時には言葉や慣習などであることもある。更に、あまりにもなじみのない人やモノなどに対して、珍しさゆえに目が釘付けになってしまうような経験をしたこともあるのではないだろうか。それはつまり、対象への好奇心や関心が強すぎて、何とかしてその対象のことを知りたいという欲求を抑えがたいことの証でもある。

そうした異なる対象に対する知的な好奇心や探求心は、誰にでも備わっているものである。そして、見慣れない、聞き慣れない異なる対象を、異なるものとして少しずつでも理解していく過程は、楽しいことともなるだろう。なじみの薄い異文化・国際＝他者と出会ったときも、これと似たような過程をたどる。当初、それが何であるかわからないだけに、好奇心をつのらせ、何とか理解したいと願う。そして時間を経るにつれて、そうした他者が、異なるものではあるけれども、次第におぼろげながら理解可能な姿形をとってくる。こうした異文化・国際理解＝他者理解の過程は、本来、まさにワクワクするような心躍る楽しい経験なのである。

安易な表象による他者理解の罠

しかしながら他方で、他者を理解する心躍る楽しい過程には、ともすれば易きに付いて陥りがちな罠も隠されている。それは一面で異文化・国際理解＝他者理解の困難さとなる。

他者理解の陥りがちな罠、困難さとは、簡単にいえば、メディアなどで一般に流布しているレッテル貼りでわかったつもりになってしまうことである。私たちは、何らかの対象を認識するとき、ごくシンプルな言葉や表象でもって、その対象をカテゴリー分けし、理解しやすいなじみの認知枠組みで捉えようとする。特に自文化との違いを強調して、異文化に対する安易な表象やレッテル貼りを行うことが多い。

キャッチフレーズによるタイ理解とその危険性

例えば、筆者の調査地であるタイに関して例をあげてみよう。具体的にタイという国を知らない人でも、メディアで紹介されるタイに関するキャッチフレーズ的な表現はどこかで耳にしたことがあるのではないだろうか。「微笑みの国」「仏教の国」「国王のいる国」「ムエタイの国」、そして近年は「政治的に混乱している国」など、主にメディアで取りあげられる頻度によって、タイという国の表象やレッテル貼りだけが一人歩きして世間に流布されていく（**図1-2**）。

このいずれのタイに関する表象も間違いではなく、事実としては一面で正しい。しかしながら問題は、これらのレッテル貼りがシンプルであるからこそ、過度に大きな力をもってしまい、こうした表象のみで、異文化・国際＝他者を理解したつもりになってしまうことである。確かに「仏教の国」タイという指摘は、それなりに正しいのだが、他方で、タイでは仏教が多く信仰されているという指摘だけで理解できるほど単純な宗教構造でもないのである。

そこに潜んでいる他者理解の罠とは、キャッチフレーズ的なレッテル貼りでわかったつもりになり、そのことがより深い他者理解への入り口をふさいでしまうことなのである。わかったつもりになって、その先にある、タイにおける具体的な宗教実践のあり方などに関するより深い好奇心探求への扉をみずから閉ざしてしまう危険性が、そこには孕（はら）まれている。

異文化・国際＝他者とは、そのような簡単なキャッチフレーズだけで言い尽くせるような底の浅いものではない。鷲田氏の言葉にもあるように、本来、長くつきあえばつきあうほど、他者との差異が際立ってきて、ますます好奇心と探求心を駆り立てられるような奥深いものなのである。

正直に告白すれば、筆者自身も、キャッチフレーズ的なタイを表象する言葉で、わかったつもりになり、異文化・国際理解の安易な罠に陥っていた経験がある。そこで次には、筆者の**フィールドワーク**経験で具体的な現地の他者と密接に接するなかで、そうした罠に陥っていた自分自身に気づき、初めて腑(ふ)に落ちて他者を理解し得たと実感した瞬間の事例を紹介してみたい。

図1-2　「仏教の国」タイの僧侶

5　経験のなかの他者理解との出会い

「微笑みの国」タイという表象

タイを紹介する言葉として、先にもあげた「微笑みの国」というキャッチフレーズがある。メディアや旅行案内、パンフレットなど、周りを注意して見渡してみれば、タイを表象する「微笑みの国」という言葉は巷に氾濫している。

確かに、一度ならずタイを旅行したことがある人なら、この「微笑みの国」というキャッチフレーズどおりに、タイの人々から至る所で笑顔を向けられた経験があるのではないだろうか（**図1-3**）。まず、飛行機やホテル、レストランの入り口などでは、タイ語でワイという合掌のしぐさとともに膝を折り曲げながら上目遣いにニッコリと微笑む従業員らの姿が思い起こされることだろう。それだけでなく、初めて唐突に道を聞いた相手でも、無愛想に対応されることはまれで、正確な正しい答えが返ってくるかは別にして、取りあえず老若男女を問わず微笑みながら対応されることが多い。

こうして、「微笑み」というキャッチフレーズは、ホスピタリティにあふれる

図1-3　タイの子供たちの「微笑み」

国というプラスの価値評価をともなって、タイという国を一言で表象する言葉として、一般に流布されていく。このこと自体は取り立てて間違いではない。筆者自身がタイを研究の調査対象と決めることになったのも、当初、そうした微笑みで迎えられる居心地の良さに惹かれたゆえという面も多分にある。しかしながら、「微笑みの国」という単純な言葉で言い尽くされるがゆえに、その概念を筆者自身が馴染んできた日本的な感覚でのみ捉え、タイの一面を理解したつもりになっていた点も否定できない。こうした一方的な視点によってタイをわかったつもりになり、「微笑み」の背後にあるタイ的な要素をより深く探求しようともしていなかったのである。まさに安易に流れて異文化・国際理解の罠に陥っていたともいえるだろう。

多様な「微笑み」の背景

「微笑み」の背後にあるタイ的な要素に気づくには、まず、タイ語の大辞典を意識して紐解いてみればよい。当初は、漫然と辞書をみていて気がつかなかったが、タイ語の「微笑み（*yim*）」という言葉には、他の語をともなって、実に多様な、そして繊細なニュアンスを含んだ成句が数多くある。例えば、日本語では単に「晴れやかな微笑み」と表現される言葉に、タイ語では「頬が裂けそうなほどの晴れやかな微笑み」「あでやかで晴れやかな微笑み」「満足げな晴れやかな微笑み」などいくつもの表現のバリエーションが存在する。他にも「唇を開かずに微笑む」など日本人の概念ではそのニュアンスが想像しにくい微笑みを表す言葉も含まれている。つまり、日本的な微笑みの概念でタイの微笑みをわかったつもりになっていたのでは、大きな誤解に繋がりかねないし、微笑みの背後に拡がっているタイという異文化の姿を取り逃してしまいかねないのである。安易にレッテル貼りしていた「微笑み」の背後には、微妙で繊細なタイ独特の意味合いが隠されているのである。

選挙運動のフィールドワークでの経験

この点に気づいたのは、実はタイを調査対象として大学院で研究を始めたずっと後、現地でのある経験がきっかけだった。以下では、日本的な視点のみでは気づき得ない、タイと日本の「微笑み」をめぐる自他の差異を本当に腑に落ちて理解できたと実感した経験を紹介しよう。そのことを通して、異文化・国際理解＝**他者理解**の具体的な可能性を考えるきっかけとしてもらいたい。

タイ中部の農村地帯で2年間にわたる長期の**フィールドワーク**を開始して、1年あまり経ったときのことである。当時筆者は、文化人類学的なフィールドワークを行うべく、稲作農村地帯の農家に寄宿させてもらっていた。同じ場所で寝泊まりし、同じものを食べ、できる限り同じような活動に直接参与しながら、同時に異文化＝他者を観察して理解しようとしていたのである。

フィールドワークも1年を経た頃、村でガムナンという村長的な存在を選ぶ選挙が行われることになった（**図1-4**）。地方行政における村の首長を選出する選挙である。二人の候補者が立候補し、約1か月にわたる選挙運動が繰り広げられた。二人の立候補者のうちの一人が、筆者が寄宿していた家の妻エカラートさんの兄ブンさんだった（名前は仮名）。そのため、エカラートさん夫妻は、ブンさん陣営の参謀として、選挙運動を取り仕切る立場となった。寄宿していた家も実質的な選挙事務所として、運動期間中はまさに昼夜を問わず人が出入りし、怒濤（どとう）のような1か月の選挙運動となったのである。まさに、選挙戦と表現されるように、戦いさながらにほとんど休む暇もなく、多種多様な運動が繰り広げられた。

当時のタイの地方選挙では、もちろん違法ではあるが、「実弾」が飛び交うことが珍しくない状況だった。「実弾」とは、モノ、金、そして銃弾を指す。選挙民の支持を得るために、まず頻繁に行われるのは、ギン・リアンとよばれる饗応、宴会である。そこでは、選挙民を集めて宴会を開き、酒やおかずというモノを提供し、自陣営への投票を呼びかけるのである。時によっては、現金が飛び交う買票、買収も珍しくなかった。そして、まれにではあるが、立候補者や主要な選挙運動員に対する暴力行為が選挙運動にはつきものともいわれるような環境にあっ

図1-4　タイ地方選挙の投票

た。ひどいときには、本物の「実弾」である銃弾が飛び交うことさえあるという。

このような選挙運動という環境の中、当時筆者は一方の陣営の事務所的な場所に寄宿しながら、調査をしていたのである。1か月という選挙運動期間中は、本当に目も回る忙しさで、多くの人が入れ替わり立ち替わり訪れ、饗応、宴会をいつどこでどのように開催するか、相手陣営の動きはどうなっているかなど、ほとんど眠る間がないような状態が続いた。同時にそれは、運動員たちにとって相手陣営側から暴力行為を受ける可能性も否定できない緊張を強いられる1か月でもあった。

そうした緊張感あふれる怒濤のような1か月を過ごし、投票日当日、すぐにその場で開票が行われた。結果は、僅差での相手陣営の勝利だった。

「微笑みの眼に涙」という他者理解の瞬間

それまで気づかなかった「微笑み」のタイ的な奥の深さに触れることができたのは、そのときのことである。投票結果がでたときに、選挙運動を実質的に仕切ってきたエカラートさんがみせた「微笑み」は、今でも私のまぶたにくっきりと焼き付いている。それは、タイ的な「微笑み」の奥深さをまったく理解していなかった自分自身の**他者理解**の浅さに気づかされた瞬間でもあった。

このときのエカラートさんの微笑みは、確かに一見、タイでよく目にするあの

「微笑み」であり、遠くから見る限りは晴れやかな明るい微笑みだった。しかし、彼女が近寄ってきてその顔をよく見てみると、明るい微笑みがたたえられている瞳に今にもあふれ出しそうな涙が浮かんでいたのである。その涙は、微笑みの表情には一切表れていない、表情としてはあくまで明るい晴れやかな微笑みだった。日本語では、あくまで微笑んでいたとしか表現できないのだが、本当に微妙な得もいわれぬ表情は、今でも決して忘れ去ることができない印象深いものだった。

それは、日本的な視点のみでは決して理解できないような異文化＝他者との繊細な差異を思い知った経験でもあった。このとき筆者は、そうした奥の深い豊かなタイの微笑みに初めて気づいたといえる。つまり、一般に流布されている「微笑み」とは異なる、タイの微笑みの内奥をわずかでも理解できたような実感をもつことができたのである。この「微笑みの眼に涙」という体験は、通り一遍の安易な異文化・国際＝他者理解とは位相を異にする、本当に腑に落ちてタイの微笑みの一端を理解できたと思える貴重な経験だったといえるだろう。

それまで「微笑み」ということでタイの一面をわかったつもりになっていた底の浅い異文化・国際理解から、長期のフィールドワークを経て、**異文化（他者）と自文化（自己）**との**差異**に出会ったことで、初めて腑に落ちて異文化（他者）を理解し得たと感じたひとつの瞬間、個人的経験となったのである。同時に、自他の差異に出会うことは、他者を鏡として理解することで、自己への理解が深まっていくことにもつながっていく。

この経験は、自己との差異から他者をより深く理解し得たという実感にワクワクした経験であったと同時に、キャッチフレーズだけの底の浅い他者理解の罠を思い知った瞬間でもあった。

6　本書の概要

最後に、以下に続く本書全体の概要を簡単に紹介しておきたい。本書では、文化人類学、国際関係論、社会学、民俗学、地域研究、美術史などを専門とする執筆者が、それぞれの分野での専門的な調査・研究経験を土台に、異文化・国際理解に関する多様な視点を提示している。

本書は以下の4つの部から構成されている。

異文化・国際理解とフィールドワーク

第I部「異文化・国際理解とフィールドワーク」では、筆者自身の経験にもとづく、他者を理解することの楽しさと難しさ、またフィールドワークという方法の可能性について述べられている。

特に第2章で取り上げられるブラジルなどの異文化でのフィールドワーク経験が身近な自文化のフィールドワークや認識を相対化してくれるという指摘は、異文化と自文化の往還がもたらすものを具体的に示している。そこでは、フィールドワークによって常に異なる角度から眺めてみることで、更なる新たな課題に出会える可能性が指摘される。

歴史と国際関係

第Ⅱ部「歴史と国際関係」では、主に国際関係論や地域研究の視点と、美術史による文化交流史的な視点から記述されている。

まず、第3章では、国際理解の鍵となる「ネイション」の特質とその歴史的な形成過程を学説史から概観し、近現代社会に大きな影響を与えるナショナリズムと民族紛争に焦点を当てる。続く第4章では、異質なものを排除しない多文化主義とその歴史認識に関してオーストラリアの事例から例示する。そこでは、排他的な現象も目につく昨今の日本がオーストラリアから学ぶべきことを具体的に示している。第5章では、歴史的な文化交流史を美術史の視点から取り上げる。特に、江戸期の日本が絹織物を介して海外の異文化といかに関わっていたのかに着目し、交流が制限されていた時代における国際関係の一断面を示している。

異文化（他者）と表象

第Ⅲ部「異文化（他者）と表象」では、主にメディアや文学作品において、異文化（他者）がいかに扱われ、表象されてきたかに焦点を当てる。

第6章では、在日コリアンによる日本語の小説において、自己と他者の関係が、人の移動や植民地支配の歴史によってどのような影響をうけ表象されてきたのかを論じている。第7章では、日本のテレビや雑誌で東南アジアへのまなざしがいかに生みだされてきたのか、またそうしたまなざしにはどのような問題が潜んでいるのかを扱う。続く第8章では、偶像崇拝を禁止しているとされるイスラームにおいて、例えばイランでは預言者などの肖像画の伝統があることに着目する。そのうえで、イスラームが聖なるものの表現や造形芸術にどのように向き合ってきたのか、具体的な芸術作品から検討している。また、第9章では、犯罪イメージが日本のメディアにおいていかに社会的に生みだされ、表象されていくのかに注目する。そうした犯罪の社会的な構築が身近な相互行為を通じて排除を生みだしていくことを批判的に検討した上で、「他者」との共生の可能性を示している。

差異と多様性

第Ⅳ部「差異と多様性」では、身近にもある異文化（他者）の存在を含めて、私たちが、いたるところで重層的に積み重ねられる差異と多様性の中で暮らしていることに焦点を当てる。

第10章では、アジアの「周縁」におかれた台湾から沖縄への人々の移動を題材に、中心から見る他者像を相対化し、周縁から自他の差異の関係に注目する。続く第11章では、誰もが身近に経験する病気が、たとえ同じ身体の不調であっても、社会や文化あるいは個人によってそれぞれ異なる解釈と対処法となりえる非常に多様なものであることを具体的な事例から示している。第12章では、本来多様な人間の性に関する認識や指向が、それぞれの社会や文化の中で「男」「女」の二項に振り分けられ、それ以外をマイノリティとして排除していく過程を批判的に紹介する。また第13章では、障害者問題を手がかりに、各人の差異や多様性が日常生活で序列化されていく仕組みに焦点を当てる。つまり、マジョリティの人々の生活が当たり前となり、マイノリティの障害者との差異が、時に差別という力として働く社会の仕組みが批判的に示される。最後の第14章では、国境を越える移動によって各地に居住しているヤオ族が題材とされる。そこでは、それぞれの国家に分断され、各国内ではマイノリティの少数民族でありながら、儀礼を通じて知識や漢字経典が継承されることで、国境を越える紐帯が紡がれていくことが示されている。

多様な視点から理解を深める技法への誘い

以上が本書の概要であるが、ここからもわかるように、本書の構成自体が、まさに多様でさまざまな視点の差異を含んだものとなっている。異文化理解や国際理解への視角は、ひとつではなく複数あってしかるべきであろう。本章で提示したのは、その中のひとつであり、次に続く各章では、それぞれに異なる視角から異文化・国際理解の多様な側面を照らし出してくれる。結果、複眼的な視点によって対象が立体的な像となって浮かび上がってくるであろう。

本書は、異文化・国際理解という対象に対して、特定の学問分野という一方向から光を当てるだけではなく、多様な分野の多様な視角から光を当てる実践的な試みでもある。本書を通して、一方的なひとつの視点にとどまらず、差異を含んだ多様な視点から対象の理解を深めていくという実践的な技法への誘いともなることを期待したい。

参考文献

[1] 鏡味治也他編, 2011『フィールドワーカーズ・ハンドブック』世界思想社.
[2] 黒木雅子, 2014『改訂版 異文化論への招待——「違い」とどう向き合うか』朱鷺書房.
[3] 小馬徹, 2016『フィールドワーク事始め——出会い、発見し、考える経験への誘い』御茶の水書房.
[4] 佐藤知久他編, 2015『世界の手触り——フィールド哲学入門』ナカニシヤ出版.
[5] 菅原和孝, 2006『フィールドワークへの挑戦——〈実践〉人類学入門』世界思想社.
[6] 髙谷紀夫, 2008『ライヴ人類学講義——文化の「見方」と「見せ方」』丸善.
[7] 好井裕明, 2006『「あたりまえ」を疑う社会学——質的調査のセンス』光文社新書.

第2章

フィールドに出会う、フィールドで考える
自文化と異文化の往還

中野　紀和

フィールドワーク、この言葉の響きに惹きつけられる学生は多い。しかし、実際のフィールドワークとなると、どこから、何に手をつけてよいかわからない、といった声も多く聞く。大学生たちに訊いても、どこか知らない土地に出かけ、何か新しいことを発見する、とにかく身体を使って何かを調べる、といった答えが大半のようだ。あながちはずれてはいないが、フィールドワークの舞台裏とでもいうべきフィールドとの出会い、そこでのテーマやフィールドの広げ方についてはあまり語られない。ここでは文化人類学のフィールドワークへの道筋と可能性について、筆者の経験を振り返りながら考えてみよう。

1　フィールドとの出会い

1-1　フィールドへの道筋

文化人類学のフィールドワークとは、自分の五感を総動員して現場で直接体験的にデータを収集、蓄積していく**参与観察**である。文化人類学においては、長期のフィールドワークの意義を世に知らしめたマリノフスキの成果はあまりに有名だ［マリノフスキ 2010；1922］。現在では社会学や民俗学をはじめ、多くの分野で取り入れられている手法であり、フィールドワークで得たデータをもとに描かれたエスノグラフィはもちろんのこと、フィールドワークについて書かれた書籍も多い［好井 2014，など］。それまでの自分のものの見方や価値観に固執しないように対象と接し、そこに身を置く。つまり、対象に対してみずからを開いていくのである。それは、自分の身近な日常の世界を忘れるということではなく、む

しろ日常のなかでの微細な感覚を活かしながら対象と接していく。フィールドワークの対象や対象との関わり方は研究者によって異なるが、その関心のもち方で対象は広がり、深まっていく。

筆者は都市の祭りのフィールドワークを長期にわたって続けてきた。20代半ばの大学院生時代からの15年間は、特に集中的に調査地に通った。その後、2009年からブラジルのサンパウロのストリート・カルチャーの調査、2011年以降は日本の災害被災地での復興調査を進めている。一見ばらばらにみえるこれらのフィールドであるが、心を動かされる対象に出会い、こだわり、そこで得た視点が次のフィールドへとつながっていった結果である。ここでは、①フィールドとの出会い、②方法の模索、といった2点を中心に、フィールドワークに至る経緯とそこでの経験の後づけを通してフィールドワークの可能性について考えてみよう。

見慣れた場所が違ってみえる

最初のフィールドとの出会いは日本であった。地方都市における伝統的な祭りに注目し、祭りに関わる人々に話を聞き、ともに行動するなかで、彼らの言葉や行動の端々から、彼らにとっての祭りの意味や意義を捉えていこうとした。祭りはどのように行われ、どのような人がどのように関わるのか、準備から実施、その後の様子までを含めた過程の詳細を把握することからフィールドワークがスタートした［中野 2007］。

しかし、研究の発端は祭りとはかけ離れた、きわめて個人的な経験であった。生まれ育った場所は、自分にとっては「あたりまえ」の、最も見慣れた場所である。その見慣れた「あたりまえ」の空間が、それまでとは違った対象となってみえるようになったことがある。後から考えると、ちょうどそこでの人間関係が微妙に変化した時期であった。人との関係性は自分をかたちづくる世界と自分との距離を遠くにもすれば近くにもする。見慣れた空間が異なるものとして感じられるという当時感じた戸惑いは、人はどのように自分を、自分をとりまく世界に位置づけるのか、というテーマとなって抱え続けることとなった。

このような問いは、その答えがすぐに具体的なかたちをとって表れるわけではない。まずは、個人と個人を取り巻く世界との関わりを具体的に観察することのできそうな対象を選定することから始めねばならなかった。地域住民と地域社会との関わりのなかで行われる祭りは、恰好のフィールドに思えたのだ。

1-2　日本でフィールドワークすること

祭りをフィールドワークする場合、ただの観察記録ではなく、祭りに集う人々にとって祭りがどのような意義をもっているのか、彼ら自身の生活のなかからその意味を見出さねばならない。祭りの調査は一見とっつきやすいと思われがちであるが、同じような結論に落ち着きやすい。自分なりの発見や試行錯誤をするためにも、フィールドワークに入る前に基本の準備は重要になる。祭りや当該地域の概要を知ることは重要で、市町村誌史といった自治体史等を調べ、客観的なデータを集めておくことも忘れてはならないだろう。それが、話を聞いたときに話題にでてくる出来事の理解を助けてくれることになる。

筆者がフィールドワークの対象として選んだのは、福岡県北九州市の「小倉祇園太鼓」という祭りであった（**図2-1**）。政令指定都市でもある北九州市の中心地、小倉北区で行われる400年以上の歴史をもつこの祭りには、多くの町内をはじめ、地域外からの太鼓グループ、保存振興会、企業や教育機関、行政といった多種多様な組織が関わっている。この祭りは、その長い歴史のなかで地域の政治や経済と連動し、メディアとの関わりも深く、多角的なアプローチが可能となる祭りであった。

図2-1　小倉祇園太鼓の据え太鼓競演大会の一場面

これだけの大規模の祭りを一人で調査する場合、どこから、どのような方法で、どのような点に注目して取り組むのかという見通しは必要になる。その際に、文化人類学的観点から祭りを調査、分析した先行研究は参考になる［米山 1986，中村 2013，和崎 1996，など］。筆者の場合は、祭りの中心的担い手であった歴史的に古い町内の聞き取りと参与観察からスタートし、徐々に新しい若者の太鼓グループや企業というように対象を広げていった。祭りの準備から片づけ、その後日までのほぼすべての行事に参加させてもらっていると、住民に顔を覚えてもらえるようになる。**調査する側とされる側**の関係は一方通行ではなく、時には逆転し、調査する側も「見られる」存在となる。

フィールドに長期滞在し現地の言語を習得しながら、**ラポール**とよばれる、当該地域の人々との信頼関係を形成していくことは文化人類学のフィールドワークの第一歩だとされる。日本人が日本で調査をする場合、言語習得に関する問題はないだろう。その一方で、異なる他者を研究するという視点からすると、大きな困難をともなう。調査者が対象となる人々と同じ社会のなかで生活し、文化を共有してきた場合、違いがみえにくくなる。異文化から来た研究者が日本を調査研究する場合、思いもかけない現象やものごとに関心をもつことが多いが、これは研究者自身の置かれた背景との相違が顕著になるからであろう。その意味において、自文化のなかでの調査研究は、異なる視点をいかにもつか、いかに相対的な視点を確保するか、という課題を抱えることになる。

1-3　フィールドが広がる

祭りのフィールドワークは、異文化で行われる日本の祭りへの関心にもつながった。かつて多くの日本人が移民として渡っていったブラジルのサンパウロへ行く機会を得たのは、2009年の夏であった。2008年がブラジル日本移民百周年であったことから、ブラジル日本移民百周年記念行事の余韻が町の随所に残っていた。この記念行事では1年間をかけてブラジル各所でさまざまな催しが行われ、多くの日系人がそこに何らかのかたちで関わっていた。事前に日系人の歴史や生活を取り上げた文献を読み、現地の大学で教鞭をとっていた知人の日本人研究者からも多くの情報を得、サンパウロにおける日系人社会の中心となる組織や人物を紹介してもらいながら、日系人の現状の把握に努めようとした。このときのフィールドの広げ方は、歩きまわって心を動かされる対象を見つけたというよりも、それまでの日本の調査の蓄積によって次なる対象を見つけたという流れであった。言い換えれば、意識的に対象に向かったといえる。自分が心を動かされる対象があり、それを深く掘り下げたいと感じて祭りに取り組み始めたときとは異なる取り組み方であった。そのようなフィールドとの出会い方があってもよい。しかし、ここでも現場を歩きまわるうちに、強く心を動かされる対象と出会うことになった。

サンパウロに到着して数日後、日本とはまったく異なる通りの様子に魅了された。町の至るところでみられる色とりどりのスプレーで描かれた絵、グラフィティである（図2-2）。それも殴り書きのようなものではなく、丁寧に描きこまれたものが多い。知人の車でサンパウロの大通りを通ったときのこと、大きな道路が立体交差してトンネルのようになった箇所の両側に、見覚えのある絵が飛び込んできた。富士山やハローキティといった日本を彷彿させる絵であった。知人に訊ねると、ブラジル日本移民百周年の記念行事の名残であることを教えてくれた。そこに描かれているのは「日本の歴史」であった（図2-3、2-4）。片側200m以上に及ぶ道路の両側に描かれた「日本の歴史」は大きな衝撃であった。筆者が当初関心をもっていた「異文化のなかで日本の祭りがどのように展開しているのか」という日本の行事への関心は思わぬ方向へと展開することになった。

当初の目的であった日本の祭りやイベントがどのように展開されているのか、その概略を知るために筆者が出かけたのは日伯文化協会であった。日本に関する行事は同協会が一手に引き受けていたからだ。ここで、ブラジル日本移民百周年の記念行事の中

図2-2　サンパウロの街角の壁に描かれたグラフィティ

図2-3　ブラジル日本移民百周年の記念行事で描かれたグラフィティ

図2-4 「日本の歴史」の一場面、古事記のイザナギとイザナミが題材

請窓口となった人物に会うことができ、プロジェクトが企画された経緯や個々の申請内容について知ることができた。その際に、大通りで見かけたグラフィティについて尋ねたところ、それも同協会に申請、承認されたプロジェクトの一つであったことを教えてくれた。これは大きな驚きであった。保守的とされる日系人社会のイベントにグラフィティの企画が申請されたこと、それが承認されたことに、「何かある」と直感的に感じたことを覚えている。

グラフィティとはアメリカ生まれの若者文化の一つであり、違法とみなされる側面が強い。サンパウロで目にした町中のグラフィティと、日本文化を象徴するイベントのなかに組み込まれたグラフィティは、それらを受け止める社会の反応を通して、日本とブラジルのコミュニティを考える鍵のように思えたのだった。このように、思いもかけない出来事から新たなフィールドに出会うことになった。

1-4 つながりをつくる——グラフィティと災害被災地

サンパウロで出会ったグラフィティ・アーティストは、町に描くことの意義、彼らの「グラフィティの哲学」を雄弁に語る者が多かった。それは、彼らが都市をどのように捉え、そこでどのように生きているか、さらには、それをサンパウロの人々がどのように捉えているか、という豊かな語りであった。日本でも通りの壁に描かれたグラフィティを目にすることは多いが、その出来栄えを問わず、グラフィティは反社会的行為として好ましく思われていないのが実情である。ここで重要なのは、日本でのグラフィティに対する反応にとらわれることなく、現地における受け止められ方や意味について、その社会背景とともに理解することである。このような考え方は**文化相対主義**とよばれ、文化人類学の基本的な考え方とされる。

2011年の東日本大震災から3年がたったある日、被災地でグラフィティを描く若者を取り上げた新聞記事を見つけた。宮城県牡鹿郡女川町の住民の若者が、津波で家屋が流され色を失った町に、復興の一環としてグラフィティ（記事ではスプレーアートと表現されていた）を描いているという内容であった。漁業の町である女川町の漁師たちの大漁旗を町の資源とみなし、グラフィティの題材とした彼の活動は、サンパウロで生活に溶け込んでいたグラフィティを思い出させるものであった（**図2-5**）。サンパウロやリオ・デ・ジャネイロでは、けっして豊かとはいえない地域の若者に対する社会教育の一環として、グラフィティのワークショップが開かれることがある。危機的状況にあるコミュニティを再生させるための一つの手段として、グラフィティが利用されるのである（**図2-6**）。筆者自身、日本における過去の被災地での復興過程の聞き取り調査をしていたこともあり、グラフィティと災害復興が結びついた瞬間であった。アーティストが何を描き、何を訴えようとするのか、という内容もさることながら、災害被災地の小さな試みによって、グラフィティを受け入れる周囲の反応に関心をもったのである。

図2-5　漁師の漁具を収納するコンテナーに描かれた大漁旗を題材にしたグラフィティ

図2-6　リオ・デ・ジャネイロ近郊の町、マカエでコミュニティ再生の一環として開催されたグラフィティ・イベント

サンパウロと女川町でみられるグラフィティをめぐっては、その規模の大小の違いこそあれ、周囲の反応や描き手の矜持には通じるものがある。コミュニティが危機的状況に陥ったときに、どのように立て直しを図ろうとするのか、一見異なるフィールドにそのヒントが隠されていると思えてならない。

このようなフィールドとの出会いを改めて振り返ってみると、祭りを中心にした日本のフィールドワークが、ストリート・カルチャーを中心にしたサンパウロでのフィールドワークへと広がり、そこで得た社会をみる視点が、日本の災害被災地の復興過程を捉えるうえでも活きていることに気がつく。

2　方法の模索

2-1　現場で方法を模索する

先行研究は大いに参考になるが、それでも自分が収集したデータや人との出会いのなかで、新たな疑問や課題が生まれる。例えば、メディアに頻繁に登場する人物や聴覚障碍者、祭りに新しい動きを取り入れた人物、やんちゃな若者たち、といった、それまでの「伝統」的な祭り研究には出てこない人々との出会いは、新しい分析視角や分析方法を考えるうえで重要なポイントとなる。

祭りのフィールドワークを重ねるなかで、少しずつ人間関係は広がっていく。現地で出会った彼らとの雑談が次のキーパーソンとなる人物へとつながることもあった。そうやって出会ったある創作太鼓の名人は、自身の太鼓への取り組みに始まって、太鼓の苦労話、やがて若い頃の戦争体験や戦後の暮らしぶりへと話題が膨らみ、それらの体験はやがてまた太鼓につながる、という長い時間軸で縦横無尽な話を聞かせてくれた。メディアに頻繁に取り上げられた人物は、みずからの生き方を祭りと重ねて語り、メディアを通してアイデンティティを再構築していく過程を見せてくれた。

祭りを発端とした語りであっても、トピックは多岐にわたり、一見ばらばらに思われる。しかし、それらが語り手のなかでつながり、一つの人生の語りとなって表出されるのを目の当たりにしたとき、それらを祭り研究のなかで活かせるのではないか、という筆者の試行錯誤が始まった。その結果、**オーラルヒストリー**によってその土地で生きる人の生活実感に触れることで、祭りの参与観察によって得たデータが、より生きられたものとして捉えられる可能性を見出した。さらに、祭礼を軸に個人の生を語っていても、その内容は総合的で多岐にわたることから、生活を総合的に理解する有益な方法に発展しうると考えたのだ。

実際に体験する

みずからが参加し、身体を使って体験することによって開かれる世界もある。フィールドワークの基本でもある。特に、祭りには民俗芸能がつきものであり、その一部に調査者自らが参加できることもある。ただし、地域によっては参加条件が厳しく制限されている場合もあり、地域の状況を尊重することはいうまでもない。

筆者は小倉祇園太鼓の練習に参加したことがある。祭り当日には町内の山車について歩き、太鼓を打つ機会を得た。ところが、しっかりと練習したにもかかわらず、山車とともに歩きながら打ち始めた途端に、完全にリズムを崩してしまった。戸惑いながら、仕方なく、停止した山車の太鼓を打つことにした。すると、その様子を見ていた町内の人たちが、「それは舞台の太鼓の打ち方だ」「誰々の打法だ」と話し始めたのだ。

小倉祇園太鼓の特徴は、山車に載せた太鼓を歩きながら打つ歩行打ちにある。そのため、地面に据えた太鼓で練習する際にも膝を屈伸させながら、歩行のリズムをとることが重要になる（**図2-7、2-8**）。ところが、筆者の膝の動かし方は、祭りの場を離れて舞台で演じられる太鼓の足の使い方であった、というわけである。

足の広げ方、膝の使い方、腕の振り等、打ち手の身体が実際の打ち手にしかわ

図2-7　床に据えて太鼓を打つ「据え太鼓」

図2-8　山車に載せた太鼓を歩きながら打つ町内の太鼓

からない情報を発していることを、身をもって知った瞬間であった。打法に関することは知識としては知ってはいたつもりであったが、本当の意味で「わかる」、すなわち知識が身体化されることを実感したのはこのときであった。町の人は打法を通して、打法の向こう側にある多様な意味を認識し、共有していたのだ。民俗芸能が身体と社会の結節点であることを体感したといってもよい。そのうえで、それまで集めた住民の語りを見直したとき、彼らの言葉の背後にあるものの見方に気づき、それ以降のフィールドワークの大きな転換点となった。

2-2 「あたりまえ」を問う

自文化のなかでのフィールドワークは相対的な視点の確保が難しいと前項で触れたが、筆者自身のフィールドで出会った「あたりまえ」について紹介しておこう。

祭り研究のなかでどのように人材を獲得するか、という観点から「伝統」や「伝承」を考えることはあっても、若者がなぜ祭りから離れるのか、という観点からの分析は皆無に近い。しかし、フィールドワークの最中に出会った中学生や高校生たちは、その会話の端々に、「カッコワルイ」「恥ずかしい」といった祭り離れの原因を語っていた。「カッコイイ」はたびたび注目される言葉であるが、「格好悪い」「恥ずかしい」といったありふれた表現は見過ごされがちである。このような言葉や表現もまた、重要な意味をもつことがある。特に思春期のまっただなかにある彼らにとって、異性の視線は参加を決める重要な要因になりうるのだ。すでに社会に出た大人たちからみると、「とるに足りない」と思われるような繊細な感覚が、祭りの人材育成に深く関わっていた。自文化のなかでの調査は、調査者自身もまたその自明性にのみこまれてしまう可能性があるため、意識しておきたい。

自文化と異文化といった相違に限らず、無意識のうちに抱える思い込みもある。小倉祇園太鼓という祭りは、その名称からもわかるとおり、太鼓が主役の祭りである。楽器は聴覚を必要とする。それゆえ、聴覚障碍者が太鼓打ちとしてこの祭りに参加することは誰も予想していなかった。彼らの参加は地域住民にとっても驚きをもって受け止められていた。だが、参加が実現したということは、それを可能にした方法があるはずだ。いかに「音を伝える」のか、リズムや間（ま）を習得するのか、聴覚という前提をはずしたとき、「伝統を継承する」とはどういうことなのか、あらためて考えさせられた。

2-3　人の連鎖が示すこと

フィールドワークは、人の連鎖の賜物であるといっても過言ではない。それは日本でも異文化においても同様である。だが、多民族国家のブラジルで、グラフィティを軸に人のつながりを辿ったとき、ある傾向に気がついた。辿っていくラインのなかには非日系人しかいなかったのだ。イベント企画者の女性は日系3世であったが、日本語はほとんどしゃべれず、ブラジル人としての意識を強くもっていた。グラフィティに関して、彼女から派生した人のつながりのなかに日系人の存在がない、ということ自体が発見であった。サンパウロを代表する若者文化の一つであるといっても過言ではないグラフィティをめぐって、日系人と非日系人の価値観の相違が浮上したといえる。日系人の多くは、通りのグラフィティをただの落書きとしてしか認識しておらず、それゆえ描き手とのつながりをもたない。近年では20代、30代の日系人ライターもごくわずかながら存在するが、彼らは日本語を話さず、グラフィティ・ライターとしての活動は非日系人のつながりのなかで実践している。一方で、非日系人の多くはグラフィティをアートとして肯定的に語る者が多い。これが、グラフィティをめぐる人のつながり方に当該地域の価値観が反映されているのではないかと考えるきっかけとなった。フィールドワークの調査自体の**相対化**も重要であることを示している。

3　研究を相対化する

祭りからストリート・カルチャー、そして災害被災地の復興へと、20年以上の間にフィールドワークの対象を広げてきたが、まったく異なる視点から自分の研究内容を振り返ることもある。筆者とは異なる文化的背景をもった研究者とのディスカッションは、日本で得たデータに新たな方向性をもたらしてくれた。

コミュニティのあり方を考えるにあたっても祭りは恰好の資源であり、災害被災地の復興過程でも地域のシンボルとなる。それらが当該地域の人々の希望の光となることは、多くの研究者によって言及されている。死者への追悼や鎮魂とは異なるかたちで、生き残った人々に体験を伝える場として祭りや伝統行事は機能している。そのために新たに創られた行事もある。

津波の怖さと被災の記憶を伝えるために新しい行事を創り出すのである（**図2-9**）。そのような事例は異文化において、「なぜ大きな人的被害を受けながら、それほど楽しそうなマツリになるのか？」という驚きをもって受け止められた。この質問は、「祭り（あるいはイベントとしてのマツリ）」そのものについて考える課題となって筆者に残っている。次世代に何かを「伝える」ということを第一に考えたとき、より長く継承されていく地域の行事のなかに位置づけることの重要性が考えられる。また、楽しいものでなければ人は集まらず、義務だけで行おうとすると長くは続かないだろう。カミを後ろ盾にした伝統的な祭りも、新しいイベントのマツリも、集いの場として捉え直したとき、人々がそこに託す思いやそこでの実践に着目することで、現代における日本の祭り・マツリを再考するきっ

図2-9　女川町で3月に開催される女川復幸祭で「津波伝承復幸男」に参加する人たち

かけとなるかもしれない。フィールドワークの実践も、そこで得る知見にも終わりはない。常に異なる角度から眺めてみることで、新たな課題に出会えるだろう。

参考文献

[1] 朝日新聞（朝刊），2014年3月7日「ひと」p.2.
[2] 中野紀和，2007『小倉祇園太鼓の都市人類学――記憶・場所・身体』古今書院.
[3] 中村孚美，2013『都市の祭り――中村孚美遺稿論文集』中村孚美遺稿論文集出版委員会.
[4] ホブズボウム，E.・レンジャー，T.編，1992『創られた伝統』前川啓治・梶原景昭訳，紀伊國屋書店.
[5] マリノフスキ，B., 2010『西太平洋の遠洋航海者――メラネシアのニュー・ギニア諸島における、住民たちの事業と冒険の報告』増田義郎訳，講談社学術文庫.（原書：Malinowski, B., 1922, *Argonauts of the Western Pacific: an account of native enterprise and adventure in the Achipelagoes of Melanesian New Guinea*, George Routledge & Sons, Ltd.,（Studies in economics and political science; no.65））
[6] 好井裕明，2014『違和感から始まる社会学――日常性のフィールドワークへの招待』光文社.
[7] 米山俊直，1986『都市と祭りの人類学』河出書房新書.
[8] 和崎春日，1996『大文字の都市人類学的研究――左大文字を中心として』刀水書房.

第Ⅱ部

歴史と国際関係

第3章

ナショナリズムと民族紛争

吉留　公太

本章は、第一に、ナショナリズムと民族紛争を議論するために鍵となる概念である「ネイション」(nation) について、その集団の特質と形成過程に関する主な学説を概観する。とりわけネイションには、主に文化的紐帯を表現して「民族」と訳される側面と、国家とのつながりを重視して「国民」と訳される側面のあること、そして、両側面は国家を通じて不可分の関係にあることを確認する。第二に、国家機能や国際体系の歴史的変容を概観しつつ、国家、国際体系、ネイションの三者は、資本主義経済の発展を媒介として緊密に連関してきたことも確かめておく。

これらの作業は、民族紛争を扇動した指導者の責任を相対化するためのものではない。それとはまったく次元の異なる問題として、我々の暮らしが自然科学上の発展のみならず、政治空間の歴史的変遷を反映して形成された社会科学的な概念によっても拘束されていることを意識してみよう。

1　民族紛争

それぞれの**民族紛争**は独自の対立構図や背景を抱えている。しかし、ひとたび戦火が交えられると、民族紛争はある共通した特徴を示す傾向がある。紛争の指導者たちは支配領域の拡大や資源の獲得などだけでは満足せず、自らの領域と一方的に信じ込んだ土地から「異質」と断じた集団を徹底的に排除しようと試みる。相手側も生活の拠り所の確保や生存そのものをかけてこれに応戦するため、その戦場では凄惨な殺し合いが展開されやすくなる。

もちろん、民族紛争を納得いくように定義し、また、その発生原因を一般化することは難しい。そもそも、複数の民族やエスニック集団が隣り合って暮らしていたとしても、それが直ちに紛争をもたらすわけではない。民族紛争はある特定の状況下で発生するものである。その結果をもたらした因果関係を把握するためには、メディアや教育を通じた扇動や武器の拡散など、暴力行為の拡大に直接結びつく要因のみならず、国家機能の行き詰まりや経済的格差の拡大など、社会全体の動向を経時的に分析することが重要である。

しかし、人々が民族紛争に動員される仕組みをより根本的に論究するならば、ネイション、ナショナリズム、そして国家といった概念がどのように人々の集団行動を規定しているのかを知る必要がある。また、これらの概念が人々に浸透していった歴史的過程を分析することで、現在の我々の置かれている状況を中長期的な視点で俯瞰しやすくなるであろう。本章はこのように、民族紛争の動機を原理的、歴史的に把握してみようと試みるものである。

2　エスニシティ

社会人類学者のトーマス・エリクセンは、「人種」が動物学的に規定されてきたことを批判し、人々の相互交流の中で文化的相違を意識することによって**エスニシティ**が育まれると主張する。そのうえで、エスニシティとは「比喩的あるいは想像上の親族関係によって特徴づけられる（対他者に基づく）社会的アイデンティティ」であると定義している。この定義を参考にすれば、エスニシティとは外形的に規定されるものではなく、自らと他者との社会的・文化的特徴の相違を拠り所として構成される自意識（アイデンティティ）と考えてよいだろう。

人々がエスニシティの相違を意識する具体的な要素としては、生活習慣、言葉、宗教、出身地、血縁、伝説や歴史的記憶などが考えられる。また、肌や目の色、顔貌、体格などの身体的特徴も何らかの物語や歴史的記憶などと結びつけば、相違を意識する要素に転化されうるであろう。あるエスニシティを共有する人々（「エスニック集団」）の居住地は国境線をまたぐこともあるし、一つの国家の中に複数のエスニック集団が存在することも珍しくない。

それでは、「エスニック集団」と「民族」とはどのような関係にあるのであろうか。その相違を示す一つの標識は国家との関係である。エスニック集団は必ずしも国家との結びつきをもたなくとも存在しうる。これに対して、「民族」を意味する nation（英語発音で「ネイション」）という言葉には「国民」という訳語も存在するように、民族は国家と何らかの関係をもっていることがうかがえる。

しかし、「エスニック集団」が発展して「ネイション」となるのか、あるいは相互連関は存在しないのかについて明確な通説は存在しない。その理由の一つは、「ネイション」という集団が多面的な特徴をもっていることにある。そのため、民族とは何かを捉えるためには「ネイション」という言葉のもつ多義性とその国家との関係を掘り下げなければならない。

3 「ネイション」の多義性

ネイションの多義性について、文化人類学者のベネディクト・アンダーソンは三つのパラドクスを指摘している。第一に、歴史家にとってネイションは近代と結びついた現象であるが、ナショナリストの目には、それがあたかもかなり古い過去から存在するかのようにみえていることである。第二に、一般に人はどこかの国籍に帰属するものとされているが、帰属するネイションにひとたび固有名詞が与えられると（例えば「日本人」「韓国人」「中国人」など）、その集団はとても独自な存在として意識されるということである。第三に、ナショナリズムの政治的影響力の大きさに比して、それに関する思索が不足しているということである。

また、歴史社会学者のアンソニー・スミスは、後述するようにネイションの起源に関してはアンダーソンと異なった解釈を提示している。しかし、ネイションの特徴については、アンダーソンのパラドックスを相補しうる指摘を行っている。その指摘とは、ネイションという概念が二つの側面をもっているということである。一つは「領域的」な側面であり、もう一つは「エスニック」な側面である。そしてこの二側面の関係は安定していないという。

ここで両者の議論を参考にして、理論家たちがネイションと国家との関係をどのように捉えているのかを確認してみよう。アンダーソンによれば、人は寿命があるため心に不安を抱えているという。人はみずからの命を何らかの連続性をもつものと結びつけて心の安寧を得る。かつては宗教がその永遠の象徴や物語を提供してきた。しかし、世俗的権力が政治を掌握し、近代的資本主義が人々の生活を支配するにつれ、宗教の地位は低下してゆく。この際、人々の暮らしの糧を生み出す土地が心の安寧を与える拠り所として考えられる。しかし、産業化の進展によって、多数の人々はもはや農耕牧畜で生活を支えられなくなる。また、産業化は教育制度の整備を必要とし、かつ、それは活字出版文化を発展させる。このように形成された共通の言語空間で暮らすことを通じてネイションが形成され、それが人々の心に安寧を与える拠り所になったという。

国家の人為性

それでは、ネイションの制度的な拠り所である**国家**は、人々の心と永遠の物語とをつなぐ存在になるであろうか。現存するある国家の歴史は、そこに暮らす個々人の寿命よりも長いかもしれない。しかし、ほとんどの国家の境界線は絶えず変化を続けており、現存する国家があるネイションの居住地を太古の昔から変わらずに統治しているわけではない。しかも、マックス・ヴェーバーの有名な定義によれば、国家とは「ある一定の領域の内部で正当な物理的暴力の独占を要求する」共同体である。つまり、国家は人為的な制度であり、統治される住民と国家との結びつきも自然現象のごとく形成されたわけではない。

国家のもつ人為性を取り繕うためには、そこに暮らす人々が文化的・社会的仲間意識をもち、あたかも共通のエスニック集団に帰属していると意識することが重要となる。そのためには、人々がネイションの神話や伝説をあたかも真実であったかのように受け止め、太古の昔から自らのネイションの祖先たちが暮らしてきたとされる土地に将来の世代も暮らし続けると信じなければならない。この感情が多くの人に共有されたとき、ネイションの結束は安定し、その制度的受け皿となる国家への忠誠心が保たれる。この現象を表現するとき、読者の多くはネイションに「民族」という訳語をあてはめるであろう。これがスミスの指摘するネイションの「エスニック」な側面であり、アンダーソンがその第一パラドックスで指摘している現象である。

また、統治される住民と国家とを法的に結びつけることも必要となる。この結びつきを具体化する概念が「**市民権**」である。国家はその権力が及ぶ領域を定める。その領域の中に住む人々は市民権を獲得し、それを行使することで、法的共同体の仲間の存在を意識するようになる。この仲間意識は国家のさまざまな仕組みを通じて文化的・社会的な共同体意識へと転換されてゆくのである。ネイションのこの側面を観察するとき、読者は「国民」という訳語をあてはめるであろう。これがスミス指摘するネイションの「領域的」な側面であり、アンダーソンの第二パラドックスが部分的に指摘していることである。

もちろん、それぞれの国家の「建国」時期は異なっており、市民権は世界中すべての人に同時に与えられたわけではない。一つの国家の中でもその住民のすべてに市民権が平等に与えられているとは限らない。つまり、領域的なネイションの形成には時間的、地理的な差異が存在する。また、ある集団に市民権を付与すればネイション意識が自律的に形成されるわけではない。ある集団がその仲間意識の中核において、実在のものか想像上のものかを問わず国家を意識しなければ、ネイションとしての結束は覚束ない。

これらの問題をより具体的に理解するために、次の二つの論点に取り組んでおく必要があるだろう。一つは先のネイション形成過程の差異に関わって、ネイションの起源をいつとみるのかという問題である。もう一つは、ネイションという形態によって表現される仲間意識について、ネイションに関する言説と実態との乖離をどのような論理で統御するのかという問題である。

4　ネイションの起源

まずネイションの起源に関する議論を整理しておこう。アンダーソンは、16世紀から17世紀にかけて欧州各国の選択した行政用言語（「俗語」）を一つの媒介として「出版資本主義」が発展し、それがネイションという「想像の共同体」の形成を促し、ラテン語を基盤としてヨーロッパ全体を対象としていたキリスト教文化世界のエリート主義的な共同体に取って代わったと指摘する。また、ネイション形成の初期段階と産業化の進展との相互連関を分析したアーネスト・ゲルナーによれば、産業化の進展に伴い、かつて特権階級に独占されていた読み書き能力（「高文化」）への需要が高まり、均質化された「高文化」が国家の整備する教育制度を通じて人口の多数に浸透し、ネイションを形成する基盤を整えたという。

アンダーソンやゲルナーのように、産業の近代化や国家制度の発展とネイションの起源とを結びつける立場を「近代主義」とよぶ。この立場から派生して、ネイションを人為的・可塑的なものと捉え、それはある政治的な目的に従って形成したり変質させられたりしうるものと考える立場を「道具主義」とよぶ。

これに対してアンソニー・スミスは、ネイションやナショナリズムが近代的現象であることを認めつつも、あるネイションには先行する「エトニ」が存在していたと主張する。エトニとは「共通の祖先、歴史、文化をもち、ある特定の領域との結びつきをもち、内部での連帯感をもつ、名前をもった人間集団」である。そして、エトニが不連続で多様な過程を通過してネイションに移行したという。この解釈を「エスノ・シンボリズム（エスニック象徴主義）」とよぶ。

また、近代以前に民族の原型が形成されていたとする解釈（「前近代主義」）や、より踏み込んで、ネイションとナショナリズムが人類史において普遍的でかつ永続的に存在してきたとの解釈も存在する（「永続主義」）。さらに、エスニシティやネイションは血縁を重視するなどの人間の基本的属性と密接に連関していると捉え、ヒトの形成する集団の自然な単位とみる解釈も提示されている（「原初主義」または「本質主義」）。これらの立場を「反近代主義」と総称することもある。

ちなみに、社会理論の分野では、ネイションの起源に関する近代主義的な解釈をナショナリズムに関する「（社会）構築主義」と呼称することもある。構築主義とは、ある考え方が浸透したり政治情勢が形成されたりする過程において、可視的・物質的な要因よりも言説や意識レベルでの相互交流（間主観的な交流）を重視する認識方法である。それゆえ、近代以前にも間主観的な交流が存在していたことを論証できれば、反近代主義的な解釈も同様の認識方法で立論可能であろう。そのため、ナショナリズムに関する「構築主義」の範疇に含まれる論者や見解について明確な合意が存在するわけではない。

5　ナショナリズム

次に、ネイションにまつわる言説と政治的現実との「ずれ」に直面したとき、人々はどのように行動するのであろうか。例えば、あるネイションが独自の国家を保有する権利を主張しても、それが実現するとは限らない。ある国家に複数のネイションが混住していることは不思議ではないし、また、あるネイションが父祖伝来の土地と主張する領域と実際の国境線とは異なるであろう。

このような状況に直面した時、政治的現実を言説の側に一致させようとする考え方や運動が**ナショナリズム**である。ゲルナーは「ナショナリズムとは、第一義的には政治的な単位と民族的な単位とが一致しなければならないと主張する政治的原理」と定義し、政治的に集権化した国家の存在をナショナリズムの必要条件とみなしている。

ただし、そもそもナショナリズムの言説が何らかの説得力をもつためには、他者が存在しなければならない。つまり、ナショナリズムが成り立つためのもう一つの必要条件は、複数の国家の存在にある。それゆえ、ナショナリズムの興隆は、一国レベルにおけるあるネイションへの人々の主観的な思い入れの強弱のみならず、国家形態と国際関係の変遷とも密接な連関をもっている。そこで、視点を国家間関係と国際社会の変化へと移してこの問題を捉え直してみよう。

6　主権国家

ここで取り上げる国家とは、その形式的な特徴から「**主権国家**」、国家と住民との関係性から「**国民国家**」とよばれるものである。この節ではまず、主権国家体制の成立と特徴について従来の通説的な解釈をまとめておこう。

主権国家体制の主な起源はイタリア戦争（1494～1559）における国際関係の変化にあり、三十年戦争の講和条約である「ウエストファリア条約」（1648年）によっておおむね確立されたとされる。それ以前の中世ヨーロッパにおいて、国際秩序の理念的な支柱はキリスト教にあった。その秩序の及ぶ範囲は、神の威信の及ぶ範囲と同一視されていた。ローマ教皇が中央権威として存在していたものの、教皇によって叙任された領主がその領地において実質的な政治権力を行使していた。

ただし、領主は封建的主従関係を通じてその領地を統治していたにすぎず、また、明確な国境線を意識して権力を行使していたわけではなかった。つまり、一つの空間に複数の政治的権威や権力が混在していたわけである。もちろん、この背景として測量技術や交通運搬手段の未熟さなどを指摘することも可能であろう。

このような状況に終わりをもたらした出来事が、宗教改革と三十年戦争であった。三十年戦争は複合的な性格をもった戦争であったが、その基底には、各領主の支配領域の垣根を横断したプロテスタント勢力とカトリック勢力の対立が存在した。異なった信仰をもつ人々がそれぞれの教義の正当性を力づくに争ったため、自らの信仰に殉じるか、あるいは相手を打倒するかという熾烈な戦いが展開された。さらに、諸領主間の権力闘争や教皇と諸領主との対立も加わり、主戦場となった神聖ローマ帝国（現在のドイツとその周辺地域）の状況は凄惨を極め、この戦争は約400万人を超す犠牲を生んだとされる。

三十年戦争の講和条約であるウエストファリア条約は、神聖ローマ帝国における信仰の自由を事実上容認し、他国の領主がそれを尊重することを確認した。この条約締結を契機として、イタリア戦争期に芽生えつつあった新慣行がヨーロッパ各地に一層浸透したと考えられている。この新慣行は二つの原則によって表現される。つまり、ある領地での宗教対立を国際戦争へと発展させないように、支配領域の大小にかかわらず各国の主権の価値を平等とみなした（主権平等原則）。また、各領主が支配する領域の境界線を尊重し、他国の内政に干渉しないように求め合ったのであった（内政不干渉原則）。こうして、国際秩序を統御するローマ教皇の中央権威は崩れ、各国家が政治的意思を決定する最終権限（主権）を事実上掌握し、「主権国家」となった。このような原則によって構成された国際体系を**主権国家体制（ウエストファリア体制）**とよぶ。

ただし、この体制下では各国の利害を調停する中央権威が存在しないため、上記二原則を保障する手段として主権国家間の勢力均衡が重視された。そして、各国は常備軍を整備することで勢力均衡の維持を試みたのである。そのため、各国の世俗的権力者（君主）たちはあたかも主権者として振る舞うようになり、主権国家体制は、絶対王政を支える外的な基盤の一つとして機能したのであった。

7 国民国家

しかし、絶対王政も不動ではなかった。その一大転機は、1789年に発生したフランス革命であった。さらに、周辺国の干渉によってフランス革命戦争（1792～1802）が勃発し、ナポレオン戦争（1803～15）へと発展した。

この動乱のなかでフランスは傭兵中心の軍隊を転換し、徴兵制を導入して国民軍を組織した。大規模化した軍隊を統率するためには共通言語（国語）が必要であり、戦争を継続するためには徴税制度と能力主義に基づく官僚制度の整備が不可欠となった。さらに、軍隊の効率的な移動のためにはインフラを整備しなくてはならず、またそれによって、経済活動を刺激して戦争に必要な税収を生み出すことも期待された。

しかし、当時約2,500万人のフランス国民のうち、ブルボン王朝期に公用語とされた「フランス語」話者は約300万人ほどであったとされ、官僚や経済活動の中枢を支えられる人材はさらに限られていた。「フランス語」を国民全体に浸透させ、国家と経済活動に必要な人員を確保するため、教育制度の整備も重視された。こうして、軍隊、官僚、教育の整備が一体となって、一つの国家が一つのネイションによって構成されるという**「国民国家」**（nation state）概念が制度化されていったのである。フランス革命は、大衆による政治参加の拡大という「市民革命」と、「国民国家」の形成という二つの政治過程とをらせん状に絡まり合わせて、かつ、加速させたのであった。

もちろん、戦争、徴兵と徴税、教育と官僚制度の整備といった課題は、フランス革命期のジャコバン政府だけが抱えていたわけではない。また、国民統合の旗印は必ずしも人権や民主主義的な理念に限られるわけではないし、政治権力の革命的な転換を必要条件とするわけでもない。君主の指導下に人々が団結するという物語ですら国民国家建設の旗印になりえたし、国民統合の名のもとに旧体制の支配階層の一部が権力を行使することも起こったのである。いずれにしても、国民国家とそのナショナリズムを通じて、ある領域に暮らす人々と国家、そして、人々と主権国家体制との相互連関が形成されていったのである。

8　帝国主義と民族自決運動

19世紀後半、主権国家と国民国家双方の性格を備えていることを標榜する国家がその数を増し、また、地理的にも拡大していった。国土統一を達成したイタリアやドイツ、南北戦争を経たアメリカ、そして明治維新を経験した日本などがその具体例である。これらの新興国家の多くでは、他国との競争という対外認識を背景としたナショナリズムが高揚し、それが国民統合を推進したのであった。

ナショナリズムは軍事的な対外進出を正当化する運動とも連動し、既存の主権国家・国民国家ばかりでなく、これらの新興国家も植民地を保有する**帝国主義**国としての性格すら兼ね備えるようになった。

帝国主義国の量的拡大は世界各地に大きな影響を及ぼした。アヘン戦争などによって弱体化した「華夷秩序」は、日清戦争と日本による台湾植民地化を契機としてほぼ解体され、第一次世界大戦でのオスマン・トルコ帝国の敗北と同国支配地の欧州列強による再編によって、中東における「イスラーム国際秩序」も解体された。こうして、すでに先行していたアフリカやアジア各地の状況と相まって、帝国主義的な植民地化を通じて主権国家体制の覆う領域が地理的に拡大していったのである。もちろん、この状況を被植民地側からみれば、ヨーロッパ起源の国際秩序が力づくで押し付けられたということを意味していた。

また、新旧帝国主義勢力の入り乱れた対立は勢力均衡を揺るがし、1914年にはついに第一次世界大戦が勃発した。この戦争の最中、ロシア帝国では史上初の社会主義革命が発生した。レーニンら革命の主導者たちは、労働者と農民階級によるロシアの権力奪取、資本主義諸国における労働者階級の連帯、反帝国主義を革命の旗印に掲げていた。しかし、革命政権はロシア革命に対する干渉戦争への対応や共産党内における熾烈な権力闘争などに忙殺された挙句、世界レベルでの反帝国主義運動を本格的に動員する力を備えるには至らなかった。

一方、アメリカのウィルソン大統領は、第一次世界大戦とロシア革命への干渉戦争への参戦を決断し、「14か条の平和原則」を通じて、自由貿易の回復やヨーロッパ域内の**民族自決**などを戦争目的として宣言した。アメリカの参戦が決定打となり、第一次世界大戦は終結した。そのため、世界各国の民族運動の指導者たちはパリで開催された講和会議に期待を抱いた。しかし、大国間の利害調整の結果、民族自決原則の適応はおおむねヨーロッパ域内にとどまった。かくして、世界各地における民族自決の本格的な実現は、第二次世界大戦後を待たねばならなかった。

ここで民族自決と**脱植民地化**の関係について少し整理しておこう。民族自決運動とは、あるネイションを主体として主権国家を樹立し、かつ、その主権国家が国民国家という性格も兼ね備えることを目指す運動である。しかし、植民地であった地域がヨーロッパ起源の主権国家・国民国家体制に一つの国家として再編入されるのではなく、それぞれの地域にゆかりのある秩序に回帰するか、あるいは、各地域の内情をよく反映したまったく新しい秩序を形成してこそ、本質的な意味で植民地支配から「解放」されたといえるはずだ。

「解放」を阻んだもの

なぜ、そうならなかったのであろうか。国際関係史家のイアン・クラークによれば、ある国際秩序は、秩序の仕組みや価値観を規律する法的論理と、国家や政治勢力間の権力分布の組み合わせによって規定されるという。この整理に従えば、脱植民地化の動きが本格化した第二次世界大戦後における国際秩序の法的論理は、主権国家体制を前提に、国際連合を通じてその利害対立の制御を試みるものであった。ところが、権力分布のレベルでは米ソ対立が大きな影響力をもっていた。

植民地に暮らす人々が先に論じた本質的な意味で解放されるためには、戦後国際秩序の法的論理や権力分布を戦術的に利用したとしても、最終的にはその双方から自立しうる政治空間を創出せねばならなかった。その労苦は並大抵のものではなく、結果的に脱植民地化の動きは、旧宗主国の引いた境界線を前提として国家・国民形成を指向する形の民族自決運動に回収されていったのである。こうして、各地の政治指導者がナショナリズムを媒介としてヨーロッパ起源の国家概念の土着化を試み、かつ、その国家をウエストファリア体制に編入させるという過程が繰り返されることになった。

この国家形成の過程では、主に次の三つの闘争が密接に絡み合って展開した。

第一に、国家形成の主導権をめぐる、民族ブルジョアジー（現地の資本家や地主）とそれ以外の階級や集団との闘争である。第二に、旧宗主国（場合によってはアメリカなどの旧宗主国の同盟国を含む）から「権限移譲」を受けて一定の関係を温存しようとする路線と、関係清算を指向する路線との闘争である。そして第三に、既存の植民地の境界線を前提として一つの国家を形成する勢力と、もう一度境界線を引き直すことを模索する勢力との闘争である。

これを国家形成過程における内在的闘争とすると、その外部には世界的な米ソ対立が存在していた。米ソは一方で、核戦力の均衡状態と軍事同盟網とを背景としてヨーロッパ大陸を中心に勢力均衡をおおむね維持した。しかし米ソは他方で、アジア・アフリカ各地を中心に、かつて植民地であった国々の取り込みを競った。

新興国側には、米ソ対立からの相対的自立性の確保を目指す「非同盟・中立」運動などが存在した。しかし、新興国の指導者の中には強引に権力を行使するものや、公私の区分のあいまいな権益確保のために米ソへの接近を図ったりするものも存在した。植民地からの解放の夢を国家形成に託した人々は、堕落してゆく権力者やその後ろ盾となった米ソそれぞれへの不満を募らせ、時に武装して抵抗した。

このように、第二次世界大戦後の国家・国民形成の少なからぬ事例では、上記三つの闘争と冷戦の論理とが複雑に交錯したため、ひとたび紛争が発生すると長期化する傾向がみられた。

9　グローバリゼーションと体制転換

1970年代から80年代に起こったオイルショックや国際通貨制度の改編など、第二次世界大戦後の国際経済秩序をゆるがした一連の重大事件を契機として、資本主義経済そのものの再編成が加速された。この動きは各国市場を密接に連関させてゆき、やがてその現象は、「**グローバリゼーション**」（金融、貿易、情報交流の世界的一体化）とよばれるようになった。

しかし、いかに市場が拡大しようとも、資本主義の本質は限られた富や資源をめぐる競争にあり、それは、すべての人々、企業、地域や国家を同時に、同じレベルで満足させることは決してない。また、資本主義経済は需要と供給の自動的調整で完結しているのではなく、イデオロギーや政治権力による調整をともなってようやく維持されている。

資本主義経済を外的に調整する機能は主に国家が担っている。しかし、資本主義経済は地球全体を活動の対象としているのに対し、国家の権能には領域的限界がある。しかも、国家の調整機能は、グローバリゼーションを背景として推進された「規制緩和」の名のもとに弱体化してきた。1980年代末から1990年代に起こった旧社会主義国の体制転換は、この状況に強く影響されることになった。

その象徴的な事例として、旧ユーゴスラヴィア連邦（以下、旧ユーゴと記す）の体制転換について触れておこう。旧ユーゴは多民族国家であり、複数の共和国によって構成される連邦制、「自主管理社会主義」、「非同盟・中立」外交、「全人民防衛態勢」を統治の柱としてきた。この統治体制はさまざまな矛盾を抱えていたが、最高権力者チトーによる狡猾な権力行使とアメリカや西側諸国からの経済援助によって、第二次世界大戦終結から1970年代末まで何とか維持されてきた。

しかし、1980年代に入ると、オイルショックなどを契機とした資源価格変動や米ソ関係の改善を反映した援助打ち切りなどが相まって、旧ユーゴは経済的に行き詰まっていった。また、1980年のチトー死後、連邦指導部の権力闘争や各共和国間の利害対立は深刻なものになっていた。旧ユーゴ連邦を構成した各共和国では、社会的な不満を巧みなプロパガンダで吸収して、政治的野心の過剰なナショナリストが権力を掌握していった。

権力を握ったナショナリストたちは、連邦制や共産党への忠誠ではなく、民族的な忠誠を物差しとして、就業機会や住宅配給など経済資源を差配するようになったのである。こうして、人口の多数派で連邦制の中核を担っていたセルビア人のナショナリズムとその他の民族のナショナリズムとの緊張が高まっていった。

ついに、1991年にはスロヴェニアとクロアチアが連邦からの分離独立を宣言し、各地のセルビア人勢力や連邦軍との衝突に発展した。この動きは民族構成の最も複雑なボスニア・ヘルツェゴビナ（以下、ボスニアと記す）にも拡大し、1992年に本格的な紛争が勃発した。この紛争では、ボスニアという国家の主権を尊重するのか否か、そして、新興国家ボスニアの主導権をどの民族集団が担うのか、などを争点として熾烈な戦闘が展開された。また、旧ユーゴのコソヴォ自治州でも、アルバニア系住民とセルビア系住民との間で同自治州の帰属を巡る対立が発生し、1998年には大規模な武力衝突へと発展した（コソヴォ紛争）。このように、旧ユーゴ各地では、利害の異なる複数の主体の推進する国家形成と国民形成の運動が衝突したのであった。

10 まとめ

世界各地で頻発しているイスラーム武装諸集団の暴力行為は、これまでにない特異な現象と思われがちである。しかし、社会の根底部分で展開している動きは、旧ユーゴ紛争をはじめとする民族紛争と一定の類似性をもっている。その動きとは、国家形成と国民形成を巡る複数の主体による闘争である。それは、ある特定の武装集団を殲滅したところで終結するわけではない。また、この闘争を制御する任務は、ある国家や地域だけで背負いきれるものではない。

本章を通じてネイションと国家に関する歴史的過程を紐解いてきたように、ウエストファリア体制と国民国家制度を前提とした秩序は、資本主義経済の動向とも密接に連関して展開してきた。そのため、この闘争を鎮静化させるためには、資本主義経済の動きを世界的に制御することも重要な課題となっているのである。

参考文献

[1] 明石欽司，2009『ウェストファリア条約——その実像と神話』慶應義塾大学出版会.

[2] アンダーソン，B., 1997『増補 想像の共同体——ナショナリズムの起源と流行』白石さや・白石隆訳，NTT 出版.

[3] 岩田昌征，1994『ユーゴスラヴィア——衝突する歴史と抗争する文明』NTT 出版.

[4] ヴェーバー，M., 1980『職業としての政治』脇圭平訳，岩波書店.

[5] エリクセン，T. H., 2006『エスニシティとナショナリズム——人類学の視点から』鈴木清史訳，明石書房.

[6] 大澤真幸・姜尚中編，2009『ナショナリズム論・入門』有斐閣.

[7] ゲルナー，E., 2000『民族とナショナリズム』加藤節監訳，岩波書店.

[8] 佐々木雄太，2011『国際政治史』名古屋大学出版会.

[9] 塩川伸明，2008『民族とネイション——ナショナリズムという難問』岩波書店.

[10] 柴岡三千雄，2007『フランス革命』岩波書店.

[11] スミス，A., 1999『ネイションとエスニシティ——歴史社会学的考察』巣山靖司・高城和義他訳，名古屋大学出版会.

[12] 高沢紀恵，1997『主権国家体制の成立』山川出版社.

[13] 谷川稔，1999『国民国家とナショナリズム』山川出版社.

[14] 月村太郎，2006『ユーゴ内戦——政治リーダーと民族主義』東京大学出版会.

[15] 成瀬治，2011『近代ヨーロッパへの道』講談社学術文庫.

[16] 益田実他編，2016『冷戦史を問いなおす——「冷戦」と「非冷戦」の境界』ミネルヴァ書房.

[17] Clark, I., 2001, *The Post-Cold War Order: The Spoils of Peace*, Oxford: Oxford University Press.

[18] Day, G. and Thompson, A., 2004, *Theorizing Nationalism*, London: Palgrave Macmillan.

[19] Özkrimil, U., 2010, *Theories of Nationalism: A Critical Introduction*, 2nd ed., London: Palgrave Macmillan.

第4章

多文化主義と歴史認識
オーストラリアに学ぶ

杉田　弘也

世界的なベスト・セラーで子どもたちの読書習慣を変えたともいわれるHarry Potterシリーズ。日本の児童文学専門家は、J.R.R. トールキンの『指輪物語』やC.S. ルイスの『ナルニア国物語』にみられる反ファシズムや核兵器廃絶のようなメッセージ性が乏しく、エンタテイメント性のみと低評価である。しかし読み進めていくと、悪の勢力が目指す社会では、人種・民族が魔法使いを頂点として優劣をつけられ、差別され、隔離され、交流が禁じられること、ヒーローたちが守ったのはその対極にある多文化主義社会であることに気づく。異なった人種・民族・宗教・移民・難民の排斥は、かつてのファシズムに匹敵する悪であるということを、人種差別と女性蔑視を公言する米国大統領が誕生したいま、改めて考えてみたい。

1　なぜオーストラリアに学ぶのか

近年、日本人や日本社会のアイデンティティを問いかける問題が続発している。サッカーの試合会場や飲食店などに掲げられた「Japanese only」の横断幕や張り紙、「国技」大相撲における「日本出身横綱」待望論、宮本エリアナ磨美子さん（元ミス・ユニバース日本代表）をめぐる論争、沖縄の人々が再三再四選挙で示した意思を一切無視するかのような政府とそれに対し無関心にみえる多くの本土の人々やメディア、アイヌの人々に対する地方議員の暴言や誹謗・中傷、ついには取り締まるための法律が必要となった在日外国人へ向けられたヘイト・スピーチ、蓮舫参議院議員の国籍問題など。日本社会は、在日韓国・朝鮮系の人々、華人、東南アジアや南アジア、南アメリカ大陸からなどの移住者に加え、アイヌの人々や琉球の人々などを包摂する多民族・多文化社会である。出自や言語、宗教、文化を共有しながら差別されてきた被差別部落出身者のことも忘れてはならない。現在、日本の大学の多くは留学生を迎え入れており、留学生なしでは存続の危機に瀕する大学院もある。両親のいずれも、あるいはどちらかが国外出身者という学生も多くいるであろうし、小学校からこれまでの間にそのような級友がいなかった学生は珍しいのではないだろうか。しかしながら、1980年代の中曽根康弘首相の発言にみられたような日本は単一民族社会であるとの見方、あるいは異質なものを排除しようとする気質は、現在でも根強く残っているように感じられる。

日本社会が現在抱える問題点と、それに対する解決策を考えるにあたり、よい参考となるのはオーストラリアである。オーストラリアも1880年代から1960年代にかけて、単一民族社会を志向し、異質なものを排除しようとしていたが、過去半世紀の間にその方針を一転させ、「**世界で最も成功している多文化主義**」を誇る社会に変貌した。

人口問題と移民

日本は深刻な人口問題に直面している。過去4年にわたる金融政策や財政政策の大幅な緩和によっても、日本経済がなかなか浮上しない原因の一つに、人口減少があるのではないか。表4-1は、国立社会保障・人口問題研究所およびオーストラリア統計局（Australian Bureau of Statistics: ABS）が出している将来の推計人口から2061年と2101年を取り出し、2012年と比較したものである。いずれも、出生・死亡の中位推定を用いている。

この予測によれば、2012年には5.6倍ある日本とオーストラリアの人口差は、2061年にはほぼ2倍にまで縮まり、22世紀には逆転してしまう。ABSが根拠とした人口増加率は、2012年は1.7%、2045年は1.0%、2101年は0.5%となっており、2010年にはすでに人口減少が始まっている日本とは対照的な結果となっている。両国の人口推移に決定的な違いをもたらしているのは、移民である。2015年末の

表4-1　将来の人口予測、日本とオーストラリア（単位：千人）

	2012年	2061年	2101年
日本	127,498	85,680	48,873
オーストラリア	22,700	41,500	53,600

（出典：国立社会保障・人口問題研究所, 2012,『日本の将来推計人口』ABS, 2013, “Population Projections, 2012 (base) to 2101”）

時点でオーストラリアの人口増加の54%が移民によるものであり［ABS 2016］、オーストラリアの人口のうち約4分の1が国外で生まれており（移民第一世代）、両親の世代の移住した人（移民第二世代）も含めると人口の約半数に及ぶ。移民による人口増加がゼロの場合、2061年の人口は2,420万人、2101年には2,060万人と推測されている［ABS 2013］。オーストラリアにとって伝統的な移民の供給源であるイギリスと、経済関係緊密化協定によって自由な往来が行われているニュージーランドに次ぎ、中国やインド、ヴェトナム、フィリピン、マレイシアなどアジア諸国が上位に進出している。その一方で、これまで非英語圏からの移民の代表的な供給地であったイタリアやギリシャ出生者は減少傾向にある。この結果、2004年にはヨーロッパからの移民が移民全体の過半数を下回るようになった。

このような人口構成上の変化は、オーストラリアが第二次世界大戦以降実施した大量移民政策を発端とする。当時オーストラリアは日本の20倍以上の国土に750万の人口であり、第二次世界大戦中、オーストラリアは日本軍による直接攻撃を受けたことで、人口不足による国防上の不安が現実のものとなっていた。戦中・戦後にかけて国政を担った労働党にとって、750万人の人口を拡大することは、国防上からも、製造業の発展を目指す経済政策上からも急務であり、「**人口を増やすか、滅びるか**」（Populate or Perish）というスローガンのもと、渡航費補助による移民の受け入れを奨励した。労働運動を母体とし、移民は労働市場において賃金や雇用水準を引き下げる存在として警戒してきた労働党が、大量移民政策に転じたことは画期的であり、移民政策がその後超党派の合意で進展する前提を築いた。当時のオーストラリアは、自国をイギリスとアイルランド出身者（アングロ・ケルティック）を中心としたヨーロッパ系人口だけで構成される単一民族国家とすることを目的とし、それ以外の移民を厳しく制限した白豪主義（White Australia policy）の維持は譲ることができなかった。しかし、イギリスからは期待したほどの移民を得ることができなかったため、政府は東欧難民に着目し、1947年からの5年間に約17万人の人々を受け入れた［Soutphommasane 2012: 5-6, Jupp 2003: 12］。東欧からの難民の流れが止まった1950年代初めになると、オーストラリアは、ドイツ、オランダなどに移民を求めた。ここまでの経緯は、オーストラリア政府がアングロ・ケルティックと外見上の特徴を共有する移民を選好し、難民や移民に対し同化を求めていたことを示している。

白豪主義から多文化主義へ

次いで1950年代半ばから1960年代にかけてピークとなるのが、イタリア、ギリシャ、マルタ、ユーゴスラヴィアなど南ヨーロッパからの移民であった。1971年、オーストラリアには約29万人のイタリア出身者と、約16万人のギリシャ出身者が居住し、メルボルンは、アテネ、テッサロニキに次ぐ世界第3のギリシャ出身者を擁する都市といわれた。南ヨーロッパからの移民は、オーストラリアに「外見上の白豪主義」を放棄させ、また1970年代に入って同化主義から多文化主義に政策を転換させるきっかけをつくり出した。ただし、オーストラリア国民の受容度を見ると、南ヨーロッパからの移民に対する偏見は1960年代から1970年代にかけてかなり存在していたことがうかがえる[1)]［Jupp 2003: 18, Megalogenis 2012: 106–9］。

1976年、マルカム・フレイザー首相率いる自由党・国民党（保守）連合政権は、フレイザー首相の指導力のもと、ヴェトナム難民の大規模な受け入れを決定し、その後オーストラリアに入国したヴェトナム難民は、家族呼び寄せプログラムによる移住も含めると19万人に達した［Soutphommasane 2012: 171］。白豪主義は、1966年にハロルド・ホルト保守連合政権が、ヨーロッパからの移住者とヨーロッパ以外からの移住者との間に設けられた市民権を得るまでの差別（5年と15年）を撤廃したことで、法律上は解消されていた。また、1972年12月には非差別的な移民政策を公約に掲げたゴフ・ウィットラム労働党政権が成立し、1974年には白豪主義の死亡がウィットラムによって宣告された［Soutphommasane 2012: 12］。フレイザー政権によるヴェトナム難民の受け入れは、大規模なアジアからの移民の開始を告げた。**多文化主義政策**は、ウィットラム政権の移民相であったアル・グラスビーがその端緒を開いたものを、フレイザー政権が用語も含め正式に採用し、多言語放送局SBS（Special Broadcasting Services）を開局するなどして軌道に乗せた。フレイザーは、南アフリカの人種差別（隔離）政策であるアパルトヘイトに強く反対したことでも知られる。大規模な移民政策の開始と同じように、**白豪主義の撤廃と多文化主義への移行**には、超党派の合意と連携があった。

1）映画『オレンジと太陽』が指摘しているように、イギリスの児童養育施設からオーストラリアへの組織的な、本人や保護者が了承しない大量の児童の移送は、まさにこの時代にピークを迎えている。

アジアからの移民の増加

1983年3月に政権を獲得したボブ・ホークおよび1991年12月にホークから首相の座を獲得したポール・キーティング両労働党政権のもとでは、中国からの移民が増加した。1980年代オーストラリアには、中国への返還を見越してオーストラリアの永住権を得ておこうとする香港からの移住者が増えていた。また、1989年の天安門広場事件の直後、ホーク首相は、中国からの留学生に対し希望すればすべてに永住権を付与することを言明し、このことがその後の家族呼び寄せもあって、中国出身者が急増するきっかけとなった[2)]。また、ホーク・キーティング政権のもとで、教育は輸出志向のサービス産業として位置づけられ、学費本人全額負担（full-fee）の留学生制度が導入されたことで留学生の受け入れが拡大した。輸出産業としての高等教育は、1996年に成立したジョン・ハワード保守連合政権下で加速する。ハワード政権は、留学生が卒業後「審査待ちビザ」（bridging visa）を取得して、オーストラリア国内から永住ビザを申請できるように制度を変更した。さらに、ハワード政権は、専門学校（Technical and Further Education: TAFE）を含むオーストラリアでの高等教育機関の卒業を技能移民審査の際に加点することで、留学生の増加を促した。ケヴィン・ラッド－ジュリア・ギラード労働党政権下でも留学生の拡大は続いており、2008年7月から2011年6月までの3年間に、80万件の学生ビザが発行されている［Soutphommasane 2012: 157］。特に中国とインドからはそれぞれ10万人の留学生が滞在しているといわれている。

ハワード政権は、後述のとおり難民希望者に対しきわめて厳しい態度をとったうえ、労働党支持層を分断するために難民政策を政治利用しようとしたが、順調な経済成長とそれにともなう熟練技術者の不足から大規模な移民政策を継続し拡大した。ハワード政権は、4年を上限とする技能労働者長期就労ビザ（クラス457）を導入し、この移民カテゴリーが労働党政権下でも拡大を続けた。2011年の移民法改正により、留学生も学士の場合2年間、修士は3年間、博士は4年間の一時的就労ビザを取得できるようになった［Mares 2016］。現在オーストラリアには、留学生も含め約80万の市民権も永住権ももたない居住者が存在している［Mares 2016］。永住権をともなわない長期就労ビザの導入により、移民・多

2）なお、中国人留学生のみに永住権を付与することは人種差別禁止法に抵触するため、1989年から1994年までの5年間にオーストラリアの大学に在学する大学生および大学院生は、希望すれば全員が永住権を得ることができた。

文化主義と市民権との心理的なリンクが弱まったことは否めない。同時に長期就労ビザ所有者は、少なくとも名目上はオーストラリアで代替できない技能をもった高収入労働者であり、家族を伴うことも可能である。大学卒業生や長期就労ビザ所有者も多くが永住権を申請しており、オーストラリアへの移住≒永住という式は崩れていない。

2　オーストラリアの多文化主義

近年、特にヨーロッパを中心に、多文化主義への批判が多く聞かれる。2010年から2011年にかけて、ドイツのアンゲラ・メルケル首相、イギリスのデイヴィッド・キャメロン首相、フランスのニコラ・サルコジ大統領が、相次いで多文化主義を批判した［Soutphommasane 2012: viii］。また、オランダのような、薬物対策できわめて革新的な政策を実施し、性的マイノリティの扱いに関しても最も進歩的な国の一つでも、反移民、反難民、反多文化主義、反ムスリムを掲げる極右政治家が支持を集めている。2011年7月には、ノルウェイ労働党青年部の夏キャンプが、多文化主義反対を唱える白人至上主義者テロリストに襲撃され、77人が殺害された。近年では、イスラム過激派によるとされる大規模なテロ事件がフランス、ベルギーなど西欧諸国で相次いでいる。また、シリアの状況が悪化するにつれヨーロッパに中東難民が殺到し、それに対する反動として排外的な国粋（ナショナリズム）勢力が欧州各国で勢いを増している。

ヨーロッパは多文化主義なのか

こういった欧州の事例から、多文化主義が危機に瀕しているような印象を受けるが、フランス経由でオーストラリアに移住したラオス難民の第2世代で気鋭の政治学者であり、オーストラリア人権委員会の人種差別担当委員を務めるティム・スートポマサンが指摘するように、欧州は多文化主義の成否を判断するには適切な場ではない。ドイツは、長年にわたってトルコなどからの移民の大多数を一時的なゲスト・ワーカーとして扱い、移民たちは市民権どころか永住権も得ることができない下層階級（underclass）に甘んじるしかなかった。フランスの多文化社会は同化主義を原則としており、移民はフランスの市民権を得ることができるが、文化的多様性は認められていない。公共の場で宗教的な表象を禁止するのはフランス革命以来の国是かもしれないが、ムスリムの女性が学校でスカーフを着用することが禁じられたり、最近の「ブルキニ」をめぐる論争からもわかるように、その矢面に立たされるのはイスラム教徒の特に女性である。そして、同化の努力にもかかわらず、経済状況の悪化によって真っ先に仕事を失うのは、（旧植民地の出身である）イスラム教徒たちだった。オランダの多文化主義は、多様な文化的・言語背景をもったグループの共存を根本としてきたが、移民のオランダ語習得に重きが置かれていないように、一つのオランダ社会へ統合する努力を欠いていた。イギリスでは、大英帝国から旧植民地が独立する際、住民に対しイギリス国王の臣民としてイギリス国内に居住する権利を与えるなど、大英帝国のアイデンティティの維持を強調する一方、イギリスとしてのアイデンティティの確立を怠った［Soutphommasane 2012: 71-5］[3)]。映画『ベッカムに恋して』（原題：*Bend It Like Beckham*）で描かれているように、インドやパキスタンからの移住者は、クリケットクラブへの加入を拒否されるなどの差別に直面し、結局はイギリスの固定化された階級社会にエスニック・グループが組み込まれ、社会的流動性の低さから特定のエスニック集団が特定の地域に集中する結果を招いた。

オーストラリアの多文化主義――ネイション・ビルディングとして

多文化主義の目標点として考えられるべきなのは、カナダとオーストラリアである。永住を前提としいずれ市民権を取得して完全にオーストラリア社会の一員となることが、オーストラリアの移民制度の根幹であった。それは、帰国するところのない東欧難民はもちろん、オーストラリア市民の受容度が低かった南欧からの移民に対してもそうであった。東欧からの難民がこれまでオーストラリア史上最大の公共工事であったスノウィ・マウンテンズの水力発電事業工事に従事したり、南欧やトルコからの移民が製造業の現場に従事したりしたように、オーストラリアの移民政策は、ネイション・ビルディングを目的として実施されてきた。さらに、スートポマサンによれば、オーストラリアの多文化主義は、文化・言語・宗教上の多様性を維持しつつ一つのオーストラリア社会への統合を促すという点で、**市民社会としてのネイション・ビルディング**も目的としてきた［Soutphommasane 2012: 73-8］。したがって、新たに到着した非英語圏からの移民に対する公費による英語教育は、定住プログラムの重要な一部であった。また、初期の多文化主義は、新たに到着した非英語圏からの移民に対し、定住促進に必要な福祉をどのように提供していくか、という福祉政策の一環としての視点が強

3）クリケット、ラグビー、サッカーのナショナルティームが示すように、イギリスとしてのアイデンティティよりも、イングランド、スコットランド、ウェールズのアイデンティティが重視されている。

かった［Jupp 2003: 87-8］。

オーストラリアの価値基準と多文化主義

1980年代半ばから、歴史学者ジェフリー・ブレイニーや当時野党党首だったジョン・ハワードなどが、アジア移民の急速な増加は行きすぎであるとして、文化的保守の立場から多文化主義の見直しを求める声を上げた。同時に、当時オーストラリアでは「経済合理主義者」（economic rationalists）とよばれたネオリベラリズムの信奉者が、多文化主義に関わる政府財政への負担や、エスニック・コミュニティの介在を問題視した。こういった流れの中で、移民や多文化主義によるオーストラリア経済への貢献が強調されるようになった。1989年、ホーク政権によって採択され、現在もオーストラリア型多文化主義の標準と考えられている「ナショナル・アジェンダ」（National Agenda for Multicultural Australia）は、オーストラリアの多文化主義が「注意深く定義された範囲の中で、言語や宗教を含む各々の文化的な伝統を表現し共有し」「平等な取り扱いを受け、平等に機会が与えられ、人種、民族、文化、宗教、言語、性別、出生地による障害が取り除かれる」ことと同時に、「すべてのオーストラリア人の技能や才能を、背景に関わりなく、維持・発展し、効果的に利用し」「オーストラリアとその利益および将来に対するコミットメントを最優先させ」「オーストラリア社会の基本的な構造と原則を受け入れ」「他者がそれぞれの考えや価値を表現する権利を持つことを受け入れる」ことを包摂しているとしている［Commonwealth of Australia, 1989］。すなわち、オーストラリアの多文化主義は、文化的・言語的・宗教的多様性を確保すると同時に、オーストラリアの経済発展に貢献するというネオリベラル的側面［塩原 2012］と、自由民主主義社会としての大枠や、「オーストラリアの価値基準」（Australian Values）を受け入れる**シティズンシップ**の側面が強調されるようになった。ネオリベラル的側面の強調は、移民による人口増加が住宅や家具・家電製品の新規需要を喚起し、移民は仕事を奪うのではなく雇用をつくり出すという考えを定着させる役割を果たした。

現在の多文化主義社会オーストラリア

2007年10月15日以降、18歳以上のオーストラリアへの永住ビザ申請者は、「オーストラリアの価値基準」の理解と遵守を求められるようになっている。ここでは、人種・宗教・民族的背景に関わりない個人の機会の平等、個人の自由と尊厳の尊重、信教の自由、法の支配、議会制民主主義、男女間の平等と相互の尊敬の念、寛容、公平、助けを必要とするものへの共感、公共の利益の追求を心から受け入れる平等主義の精神といったものがあげられている［Commonwealth of Australia 2007］。すなわち、「オーストラリアの価値基準」とは、個人の自由と平等や議会制民主主義・法の支配といった西側の自由民主主義社会にとって普遍的な価値に、オーストラリアのエートスともいえる平等主義（egalitarianism）、フェア・ゴーの精神、弱者への配慮（compassion）を加味したものといえる。

白豪主義から多文化主義への政策転換から40年以上が経過し、オーストラリア型の多文化主義は、オーストラリアに定着した。現代オーストラリアの都市の日常生活を描く映画は、必然的に多文化主義社会が背景となっている。公共放送局ABC（Australian Broadcasting Corporation）の人気子ども番組 *Play School* の番組ホストは、ギリシャ系、イタリア系、南太平洋系、**アボリジナルの人々**などきわめて多様化しており、幼少期から自然に多文化主義に触れるようになっている。かつてイギリスのそれと区別がつかず不評であったオーストラリアの食文化は、移民が定着するにつれ南欧から中東、アジアなどさまざまなエスニックレストランが出現し、さらに1990年代半ばになると、東西融合的な「モダン・オーストラリアン」とよばれるジャンルが現れた。また、オーストラリアでは**異人種間・異民族間の結婚**が進んだ結果、複数の民族的背景を持ち、○○系あるいは××系と分類することが難しく、「（新たな）オーストラリア人」としか言い表せない人々が急速に増加している。

オーストラリアにおいて日常生活を送るうえで、永住者であることは決定的な要因となる。永住権を得たのち一定の居住条件を満たせば市民権を得ることができ、そうすれば投票権（オーストラリアでは義務でもある）が付与される。出身国の市民権も保持したままでいる**二重市民権**（dual citizenship）も認められているが、連邦や州議会選挙に立候補する場合は、憲法44条の規定によりオーストラリア以外の市民権を放棄しなければならないことが、1992年の連邦最高裁判所判決で明確にされた。

その一方、人種差別（racism）まではいかずとも「外国人嫌い」（xenophobia）が伏流水のように存在し、突如として地表に現れることもある。偏見の対象となる民族ないし文化集団は、アイルランド出身のカトリック教徒から始まり、東欧難民、南欧からの移民、そしてアジアからの移民へと移り、こんにちではイスラモフォビア（Islamophpbia: イスラム教徒嫌い）とよばれる現象に示されるようにイスラム教徒が矢面に立たされている。それに伴い、イスラム教徒がその多数を占めるオーストラリアを海路直接目指す難民申請者、すなわちボート・ピープルへの反感が強まっている。ボート・ピープルに対するオーストラリア政府の態度も、特に2001年8月末を境に厳しさを増し、これが市民の間における不安と偏見を増幅させている。これに関しては、「外国人嫌い」の対象をボート・ピープルに集中させ、移民政策や多文化主義政策に非難が波及しないように、との思惑が存在することも考えられる。しかし、オーストラリアン・フットボールの試合でのアボリジナルの選手に対する差別的な中傷言動、公共交通機関におけるヘイト・スピーチなど、「日常の、無意識の、レイシズム」が広がっているようにみえる。ボート・ピープルに対する態度を放置していれば、オーストラリアがこれまで世界に誇ることができた多文化主義の土台を腐食させてしまう可能性もある[杉田 2013]。

3　人種差別禁止法（Racial Discrimination Act, 1975）

オーストラリアの多文化主義の背骨ともいうべき法律が、1975年に制定された**人種差別禁止法**（RDA）である。この法律は、国連の人種差別撤廃条約で義務付けられた国内法の整備であり、当初は以下のことが人種差別であるとして違法とされた。

> 人びとが政治・経済・社会・文化あるいはそのほかの公的な生活を送るうえで、人権や基本的な自由を平等な立場で認められ、享受し、行使することを無効にしたり傷つける効果を狙って、人種・肌の色・先祖・出身国あるいは民族上の起源に基づいて、区別したり、排除したり、制限したり、あるいは選好理由とすることは、違法である（人種差別禁止法第9条より）。

1990年代前半、先住民族に対する権利が認められるなか、先住民族に対する誹謗中傷も目立つようになり、それに対する対応としてRDAに対し1995年に以下のような項目が付け加えられた。

> 18条C項：**人種差別的中傷禁止条項**
>
> 私的領域以外で、他の個人ないしグループの人々の感情を害したり、侮辱したり、自尊心を傷つけたり、脅かすような行為を行い（to offend, insult, humiliate or intimidate)、そしてその行為が、相手やグループに属する一部な

いし全体の人々の人種・肌の色ないし民族的起源を理由とする場合、それは違法である。

上記の私的な領域以外での行為とは、言葉や音、イメージあるいは書いたものが広く人々に伝達されるか、公共の場で行われるか、公共の場にいる人が目にするか耳にする場で行われたこととする。

18条D項：人種差別的中傷禁止条項の例外規定

芸術作品、学問・芸術・科学を目的としたものや純粋に公共の利益を目的としたもの、公平で正確な報道、それを行ったものの純粋な信念に基づく公平な論評は、18Cを適用しない。

RDAは、罰則より教育と当事者間の和解を重視しており、違反した場合はもちろん違法行為ではあるが、刑法上の犯罪ではない。裁判は和解に至らなかったときの最後の手段との位置づけがされている。これまで約6,000の差別申し立てがあったが、裁判に至ったのは300以下となっている。RDAの重要性は、先住民族の権利をときには遡及的州法によって阻もうとしたクィンズランド州政府の意図を挫き、先住的土地権（Native Title Rights）の認定に導いたこと、近年オーストラリアでも広がる気配のあるヘイト・スピーチに対する抑止となっていることでも明らかである。

4　オーストラリアの先住民族について

オーストラリアの先住民族は、日本ではオーストラリアの専門家ですら多くが「アボリジニ（Aborigine）」という呼称を使用している。しかし、この名称には大きな問題がある。第一に、オーストラリアの先住民族は、大陸やタズマニアなどその周辺の島に住む**アボリジナルの人々**と、オーストラリアとニューギニア島の間の島々に住むトーレス海峡島嶼の人々の二つの人々から構成されている。したがって、総称は「最初のオーストラリア人（First Australians）」または「先住民の人々（Indigenous peoples）」とするべきである。第二に、アボリジナル社会は、250の言語集団から構成される多民族社会であり、Aborigineという単数形ではその多様性を表すことができない。Aborigineという呼称に侮蔑的な響きを感じる人も多い。本来はアボリジナルの言語を用いるべきなのだが、多言語社会であるため一つの言葉で代表させることは難しい。1990年代、知識層の中でKoorie

という言葉を用いることが流行ったが、あくまでオーストラリアの一地域での呼称であり、日本人全体を「江戸っ子」とよぶようなことになってしまう。結局Aboriginalという単語を使用するしかないのであるが、あくまでもそれは仮の姿ということで、アボリジナルの人々は、形容詞であるAboriginal peopleの使用を選好している。異文化理解とは、相手の求めることを理解するのだという立場からも、本書ではアボリジナルの人々（Aboriginal people）という言葉を用いている。

先住民族への謝罪と和解

オーストラリアの先住民族と非先住民族との関係をみていくうえで、きわめて重要なのは両者の「和解」であり、その中核に2008年の連邦議会による謝罪が存在する。謝罪動議を議会に提案するなかで、ケヴィン・ラッド首相はこのような謝罪を行った。

> 私たちは、オーストラリア人同胞に重大な悲しみ・痛み・喪失をもたらした、歴代の議会と政府による法と政策を謝罪します。
>
> 私たちは特に、アボリジナルとトーレス海峡諸島の子どもたちを、彼らの家族・コミュニティ・伝統的な土地から引き離したことを謝罪します。
>
> 盗まれた世代とその子孫、そして残された家族の痛み・苦しみ・苦痛に対し、ごめんなさい。
>
> 母親たち・父親たち・兄弟たち・姉妹たちへ、家族やコミュニティを破壊し、ごめんなさい。
>
> そして、誇り高き文化を持った誇り高き人々に対しこのようにして加えられた侮辱とさげすみに対して、ごめんなさい。（2008年連邦議会による謝罪決議より）

先住民族との「和解」は、1990年、先住民族委員会（ATSIC）とアボリジナル和解評議会が超党派の合意で設立されたことで、大きな追い風を得た。1992年6月、連邦最高裁判所は、先住民族が先住的土地権を有し、それが今日も存在する可能性を史上初めて認めた判決（マーボウ判決）を下した。同年12月には、キーティング首相が、「先住民族から土地を収奪し、伝統的な生活を破壊し、伝染病とアルコールを持ち込み、彼らを殺し、子どもを母親から奪い、差別と排除を繰り返してきたのは私たち」と認める歴史的なスピーチを行った［Paul Keating,

Advancing Australia]。キーティング政権は、マーボウ判決を先住権原法として法制化し（1993）、人権機会均等委員会（HREOC：現人権委員会）に対し、親子強制隔離政策に対する調査を諮問した（1995）。

ハワード政権下での後退

このような前進は、しかしながら、1996年3月のハワード政権成立によって一変する。ハワードは、キーティングが、先住民族との和解・多文化主義政策の推進・アジア太平洋地域重視の外交政策・共和制への移行といった、エリート好みの「ビッグ・ピクチャー」にのみ力を注いでいると批判し、大都市近郊の労働者階級（Howard Battlersとよばれる）の支持を得て地すべり的勝利を収めた。先住民族問題ははじめからハワード政権の標的であり、真っ先に予算削減の対象となったATSICは2004年に廃止された。

1996年12月に連邦最高裁判所が、先住的土地権と放牧借地権が共存する可能性を示す判決（ウィク判決）を下すと、ハワード政権は先住民族の権利を削減する改正法案を提示し、上院で若干の修正後1998年7月に成立した。さらに、保守的な法律家を連邦最高裁判所の判事に任命することで、ハワード政権は先住民族側に不利な状況をつくり出していく。

ハワード政権と先住民族との対立を決定づけたのは、**親子強制隔離政策**の報告書に対する対応だった。"Bringing Them Home"と名づけられた700ページ近いこの報告書は、強制隔離政策の被害を受けた人々の聞き取り調査に基づき、引き離された親子の経験やその影響を克明に記録した。全国で約10万人ともいわれる被害者は、ほとんどがいわゆる「混血」の先住民族の子どもたちだった。この政策が全国規模で公式な政府の政策として採用された1910年ごろ、ソーシャル・ダーウィニズムの影響を強く受け、「純血」の先住民族は早晩絶滅すると考えられており、強制隔離した「混血」の子どもたちを、作為的な婚姻政策によってヨーロッパ系オーストラリア人と結婚させて先住民族の「血」を薄め、数世代後にはオーストラリアから先住民族の痕跡を消し去るという優生学的なねらいがあった［Robert Manne, *In Denial*: 250］。第二次世界大戦以降は、先住民族文化・社会をヨーロッパ的社会へ同化することが目標となり、政策は継続された。報告書は、政策が人権の著しい侵害というだけではなく、国連のジェノサイド禁止条約で定義されるジェノサイドに該当すると結論付け、謝罪を中心に金銭的補償を含む勧告を行った［HREOC, *Bringing Them Home*］。

これを受けて、すべての州・地域議会（うち過半数が当時は保守政権）、強制隔離を実行した警察、収容施設の管理・運営にあたっていた各教会は、次々と謝罪を行った。唯一連邦議会のみが、報告書に代表される歴史観を「喪章史観」(Black armband view）として退けたハワード首相の強い意向から、1999年8月に「心からの深い後悔」(deep and sincere regret）は示したが、謝罪を拒み続けた。ハワードにとってオーストラリアの歴史は全体としてみるとすばらしいものであるから、先住民族の扱いといった暗黒部分を重視するのは間違っており、ハワードの目からは当時善意で行われた過去の行為に対し、現代の世代が責任を負う必要はない、ということになる。謝罪が金銭的補償の根拠とされる可能性があることも、このような態度を正当化する一つであった。

オーストラリアが民主的な政治制度のパイオニアであることは確かだが、そのことが先住民族に対するおぞましい取り扱いを帳消しにできるものではない。また、強制隔離は過去の世代の行為ではない。これは、1970年代初めまで行われ、子どもたちを収容していた施設の中には1980年代末まで存続していたものもあった［Tatz, *With Intent to Destroy*: 145］。この政策の目的が、先住民の子どもたちを虐待やネグレクトから守るためではなく、先住民族を生物学的、あるいは文化・社会的に消滅させようとすることにあったことは明らかだ。オーストラリアのきわめて高い生活水準が、先住民族の犠牲の上に成り立っていることを考えると、今日オーストラリアで生活するすべての非先住民は、アングロ・ケルティック系であろうと、1940年代末から60年代の大陸ヨーロッパからの移民であろうと、近年のアジアからの移民であろうと、謝罪の必要がある。

謝罪決議から学ぶこと

このような背景を考えると、謝罪決議で最も傑出したことは、全会一致で採択されたことかもしれない。ラッドは先住民族の代表と協議を重ね、謝罪決議から党派色を極力排除することに努めた。野党内には、強制隔離政策が人種上の理由に基づくものではないと固く信じ、採択を欠席した議員も数名いた。野党党首ブレンダン・ネルスンの演説は、このような党内事情を反映する内容も加えられたため、多くの先住民の反感を受けたが、ラッドは文字どおりネルスンに手を差し伸べて超党派の姿勢を貫き、ともに特別来賓席の先住民族の人々をねぎらった。

今日、オーストラリアの先住民族と非先住民との間の教育・医療・住環境・雇用・収入などあらゆる点における格差は巨大なものであり、その解決は簡単ではない。謝罪決議は、先住民の人々にとって大きな心理的抑圧からの解放となったが、この問題はまさにオーストラリアが抱える歴史問題であり、過去の行為を正当化したりその存在すら否定したりすることで過去を美化しようとする勢力が存在している点も、日本の歴史問題と共通している。したがって、今回の謝罪決議からいくつかの教訓を得ることができる。

第一に、議院内閣制の国では議会の意思であることに意義がある。政府による謝罪は、たとえ過半数意見の集約だとしても、国民の一部が示した意思にすぎない。侵略戦争・植民地支配・捕虜虐待・女性を軍の性的奴隷としていたこと・強制集団自決などへの謝罪は、首相や内閣ではなく、国民を代表する議員によって構成される議会の全会一致の決議、あるいはそれに近いものであることが求められる。

第二に、謝罪が受け入れられるためには、それが心からのものでなければならない。今回の謝罪決議が先住民族の人々から支持された理由は、ラッドとネルスン（問題の部分もあったが）の演説の内容やそのトーンから、彼らが誠実かつ真剣にこの問題を考え謝罪したことが読み取れたからであろう。

第三に、政権交代のもつ可能性を明快に示したことである。2008年からアボリジナルの儀式を取り入れるようになった開会のセレモニーも謝罪決議も終わってみれば実に簡単なことだったが、政権交代があったからこそ可能だった。選挙期間中労働党は、政府からの攻撃を極力避け、ハワード政権の政策を争点とするため、コピー・キャットと揶揄されながら、政策上の相違を極小化する戦術を採った。しかしながら、やはり政権を代えることは国を変えることだった。

5　まとめ——日本への影響（implications）

日本の歴史認識の問題に関して、中国や韓国/朝鮮が対象であるとの見方が少なくないであろう。しかしながら、日本軍の戦争捕虜となったオーストラリア兵の収容所での死亡率が36％（ドイツ軍の捕虜となった場合の死亡率は3.3％であり、ソビエトによるシベリア抑留の死亡率は10％といわれる）に上ったことから、第二次世界大戦直後、オーストラリアは天皇の戦争責任を厳しく追及するなど、対日強硬派の筆頭であった。ジャワでいわゆる「慰安婦」を強制された被害者の一人も、サウス・オーストラリア州アデレードに住んでいる。侵略戦争や残虐行為、それを誘発した植民地支配を正当化したり過小評価しようとすれば、それに対する反発の強風はアメリカ、オーストラリア、イギリス、オランダなどからも届くであろう。

オーストラリアでも「日常の、無意識の、レイシズム」が増えていることに触れた。同時に、そういったことが即座にソーシャル・メディアにアップされ、厳しい批判にされていること、難民申請者や移民に対し不当なことが行われようとすると市民がすぐに立ち上がること、ムスリムの女性に対する市民が寄せる共感(compassion)、あるいは古くは1968年メキシコ・オリンピックの陸上男子200メートルの表彰式におけるピーター・ノーマンの行動など、個人の、市民の行動に私たちは多くを学ぶことができる。

参考文献

[1] 飯笹佐代子, 2007『シティズンシップと多文化国家——オーストラリアから読み解く』日本経済評論社.

[2] 石出法太, 石出みどり, 2009『これならわかるオーストラリア・ニュージーランドの歴史』大月書店.

[3] 塩原良和, 2005『ネオ・リベラリズムの時代の多文化主義——オーストラリアン・マルチカルチュラリズムの変容』三元社.

[4] ——, 2010『変革する多文化主義へ——オーストラリアからの展望』法政大学出版会.

[5] ——, 2012『共に生きる——多民族・多文化社会における対話』弘文堂.

[6] 杉田弘也, 2013a「豪州の人口構成の変化と政治上の意味」『海外事情』拓殖大学海外事情研究所.

[7] ——, 2013b「『タフで人道的な』対策を模索するオーストラリアのボート・ピープル政策——オーストラリア多文化主義の『ドリアン・グレイの肖像』」『国際経営論集』46, 神奈川大学経営学部.

[8] ハージ, G., 2003『ホワイト・ネイション——ネオ・ナショナリズム批判』平凡社.

[9] ——, 2008『希望の分配メカニズム——パラノイア・ナショナリズム批判』御茶の水書房.

[10] 保苅実, 2004『ラディカル・オーラル・ヒストリー——オーストラリア先住民アボリジニの歴史実践』御茶の水書房.

[11] 松山利夫, 2006『ブラックフェラウェイ——オーストラリア先住民アボリジナルの選択』御茶の水書房.

[12] Jupp, J., 2003, *From White Australia to Woomera: The story of Australian immigration*, reprinted with correction, Cambridge University Press.

[13] Manne, R., 2013, "Tragedy of Errors", *The Monthly*, March 2013.

[14] Mares, P., 2016, *Not Quite Australian: How Temporary Migration Is Changing the Nation*, Text Publishing.

[15] Megalogenis, G., 2012, *The Australian Moment: How we were made for these times*, Penguin Group (Australia).

[16] Soutphommasane, T., 2009, *Reclaiming Patriotism: Nation-Building for Australian Progressives*, Cambridge University Press.

[17] ——, 2012, *Don't Go Back to Where You Came From*, NewSouth Publishing, Sydney.

[18] Tatz, C., 2003, *With Intent to Destroy: Reflections on Genocide*, Verso.

第5章

布を通して見た江戸期日本の異文化受容
イランの絹織物を通して

阿部　克彦

海外との交流が制限されるなかでも、ヨーロッパや中東、アジア各地からインド洋交易によってもたらされた文物は、江戸時代の芸術文化のみならず、日本の人々の海外に対するイメージ形成に大きな影響を与えた。なかでもインドやイランの珍しい布・織物は、将軍や諸大名が好んで求め、茶の湯の世界にも取り入れられ、その後商人層の手に届くと、所有者の富と社会的ステータスを示すものとなった。本章では、大切に保存されてきたそれらの布・織物が、いかにして運ばれ、受容した側にどのような影響を与えたのかを考察することで、近代以前の日本が、海外からもたらされた染織品を通して世界と交流しながら独自の文化を育んでいった様子をみていきたい。

1　ものによる交流史

1-1　史料としてのもの

歴史研究は、文献史料とよばれる文字による記録を読み解き、そこから当時の人々の営みや出来事を再構築しようという試みであるといえよう。ところが、文字による史料のほかにも人の手によって生み出された、ものとしての史料が残っている。例えば、人々が住んでいた住居や、信仰のために集った宗教的な建物、そして紙や石、壁などの表面に描かれた絵画もひとつの歴史的な史料といえる。これらものによる歴史史料を扱う研究が考古学、美術史学である。

人が残した遺物や、視覚的に表現された芸術作品を通して、文字にはあらわれないその時代を生きた人々が、何をみて、どのようなものを求めていたのかを知ることができる。なかでも人から人へと長い時間大切に受け継がれてきた芸術作品は、時の移り変わりのなかで、それを所有した人のものの見方や世界観をも反映する貴重な歴史史料であるといえよう。

1-2　ものによる江戸期日本とイランの交流

近代以前は、通信手段も交通手段も限られていたため、情報が伝わるスピードも遅く、人やものの移動も少なかったと思われがちだが、地理的に離れた地域同士の交流は、われわれが想像する以上に活発に行われ、はるか遠くにまでさまざまな品物が運ばれ、それを通して多くの情報も伝わっていたのである。

鎖国というイメージが強い**江戸時代**の日本は、じつは外との交流を断った孤立した島国ではなく、平戸そして長崎という限定された港を通してではあるものの、私たちが思い描く以上に人の交流、ものの交流、そして情報の交流がヨーロッパから中東、そして中国へといたるインド洋海域の人々と行われていたのである。そのため、江戸時代を他国との一切の交流が断たれたという意味での鎖国とよぶのは適当ではないというのが、近年の歴史学における立場といえよう。

その江戸時代の日本に海外から届いた品々のなかに、**イラン**もしくはペルシアとよばれた地域でつくられた物が含まれていた。

歴史上イランから日本にもたらされた品物というと、古くは8世紀半ばの東大寺正倉院の御物（ぎょぶつ）のなかに、西方から中国を経由してわが国に運ばれたササン朝期のガラス器（白瑠璃椀）がよく知られている。しかし、近世の日本に、16世紀末から17世紀前半にかけてイランで制作された**染織品**がもたらされていた事実はあまり知られていない。本章では、そのなかでも絹織物を取り上げ、誰の手でどのような経路で日本に運ばれ、その後江戸時代を通じてどのように継承されてきたのかを考察していきたい。

1-3　人の交流

江戸時代の日本とイランの交流は、ものの交流、つまり人の手によって運ばれた品々による間接的な交流であった。ただし、まったく人の交流がなかったのかというと、交易に従事する商人など無名の人々による出会いがあったことが明らかになっている。例えば、インド洋沿岸の各地で交易をしていたイラン系もしくはペルシア語を使う商人が江戸時代の長崎に来航していた記録が残されている。また、17世紀初頭のタイのアユタヤ朝には、日本人町がつくられるほど商業的、また政治的にも力をもつようになった日本人と、同じくアユタヤで大きな勢力をもっていたイラン系の人々が交流していた可能性は高い。これらの、いわば公式の記録に名前が載ることのなかった人々による交流の歴史が表舞台に出ることは少ない。しかし、人の手によって今日まで大切に保存されてきた品々、この場合はイランの織職人の手でつくられた布・織物を通して、日本の平戸や長崎までインド洋を渡って運んできた人々や、それを手に入れ使用し、鑑賞した人々の軌跡を読み取ることができるのである。

2 日本に渡来したイランの染織品

2-1 祇園祭の絨毯

京都では毎年祇園祭が行われており、17世紀にイランやインドからもたらされた数多くの絨毯が山鉾を飾っている（**図5-1**）。このなかの1枚は、16世紀初頭に今のイランの西北部で成立した**サファヴィー朝**という王朝の第5代のアッバース1世の治世に制作されたものと考えられ、絹に金や銀を用いた糸が使用されている大変豪華な絨毯である。

図5-1 祇園祭の山鉾（写真提供：京都もよう KYOTO MOYOU）

この絨毯がどのようにして京都の祇園祭で使用されるに至ったかの経緯は明らかではない。おそらくはオランダ人によって江戸初期に将軍家もしくは大名家に献上されたものが、後に豪商などに下賜されて、最終的に町民の手に渡ったと考えられる（1818年購入の箱書きあり、南観音山保存会所蔵）。ここで登場するオランダ人とは、17世紀初めにアムステルダムに創設され、平戸そして長崎に商館を置いた**オランダ東インド会社**に属する商館員のことである。オランダ商館長（カピタン）は、毎年将軍謁見のための江戸参府の際に献上品として多くの贈り物を持参した。このなかに、この京都の金銀糸を用いた絨毯が含まれていたとしても不思議ではない。

2-2 インド洋交易と絹

舶載された絹や綿布、毛織物などは、将軍家をはじめ諸大名が競って求めたため、多くの糸や布がイランをはじめ、ヨーロッパやインド洋沿岸各地の東インド会社の商館から買い集められ、平戸そして長崎に送られていた。

17世紀のオランダ東インド会社による貿易品のうち、特に生糸と絹織物は、日本との貿易を行ううえで、貿易量や利益のうえからも重要な商品であった。生糸の主な購入先はインドのベンガル地方や中国、または今のベトナムで、量は多くはないもののイランからも購入していたことが東インド会社の史料から明らかにされている。

先に述べた祇園祭りに使われる豪華な絨毯をはじめ、江戸時代に渡来したイランの絹織物の多くは、サファヴィー朝の宮廷と密接な結びつきのある工房で織られたものと考えられ、おそらく当時の最高級品であった。サファヴィー朝の最盛期を築いたアッバース1世は、絹生産を重要な貿易品として奨励した結果、優れた絹織物が生み出され、王や宮廷で使用する衣服として、また外交上の贈答品としても重用されたのである。

オランダ東インド会社にとって、イランは、商館を置いたアジア各地の君主や高官などへの高価で質の高い贈答品の購入先として重要視されていたことが多くの史料から読み取ることができる。

2-3　モウル織とは

おそらくはイランで購入され、オランダ船によって平戸もしくは長崎に運ばれた絹織物は、江戸期を通じていわゆる名物裂として珍重されてきた。なかでも中国の錦や金蘭などと趣の異なった金糸や銀糸を用いた絹織物は、**モウル**織という名称でよばれ、今日でも国内の多くの美術館や博物館等に所蔵されている。このモウル（モール、毛瑠、莫臥児などとも表記される）の名称は、よくインドのムガル帝国のムガルから派生したと説明されるが、当時日本に来航したオランダ人をはじめとしたヨーロッパ人が一般的にイスラーム教徒のことをモウル人とよんでいたことから、インドのみならず、中東からインド洋にかけてのイスラーム教徒全般を指していた可能性が高い。実際、長崎にはモウル通詞という「モウル語」の専門の通訳がいたことがわかっていて、その言語とはイランとムガル帝国で使用されていたペルシア語であったことが明らかになっている。その「モウル語」を話す商人はオランダ船に乗って長崎に来航していたのである。

3　オランダ東インド会社とイランの絹織物

3-1　オランダ東インド会社の記録

江戸時代のはじめにオランダ人によって運ばれたモウル織の絹織物の多くは、先に述べた絨毯と同様サファヴィー朝期のイランで制作されたと考えられている。しかし、その産地や年代、または技術的特徴などに関して、いまだその実態が明らかになっているとはいえない。オランダ東インド会社の文書には、染織品に関する記述がみられるものの、現存する特定の作例と直接関連づけられるほどの描写は少ないが、どのような品々が輸入されていたのかを知る大きな手がかりとなる。

貴重で高価な絹織物の献上品は、権力者から商取引において優遇を受けるために大いに活用され、17世紀初頭に平戸に商館をかまえたオランダの東インド会社も、その後定期的に将軍や諸大名、そして平戸領主の松浦家にも贈答品として用いていた。

オランダ東インド会社は、毎年江戸参府を行い、その際に、将軍家光や平戸領主の松浦肥前守、幕府高官などへの献上品を納めることになっていた。現在オランダの国立文書館には、平戸のオランダ商館長が書き記した日記、そして商館の会計帳簿となる仕訳帳が残されている。そのなかに贈物としてオランダ側が江戸時代の日本に輸入した品々のリストが記されている。平戸は、16世紀末からポルトガル、スペインが拠点を置き、その後オランダが1609年から1641年の長崎移転までの期間、ここに商館を置いた。そして1641年以降は、徳川幕府はオランダ人と中国人に対してのみ長崎に居住することを許可した。

3-2　オランダ商館長日記と仕訳帳

1634年3月の日記には、当時の商館長ニコラス・クーケバッケルが、将軍徳川家光に送った贈物のリストのなかにいくつかのイランの染織品がペルシア産として記されている。金銀の刺繍入り毛氈（もうせん）（絨毯のこと）1枚と、もう1枚金糸はないが上等で鷹狩りの模様のあるもの。銀と金の地のビロードに花模様をつけたテーブル掛け。そして衣服一そろいがあげられている。この衣服一そろいは、金色の花模様入りの紅絹羅紗（らしゃ）の肌着、金地にビロードの花模様がある上着、すなわち金羅紗製のカバイ（マント、コートのようなもの）、さまざまな色の混じったサッシュ（帯、もしくは結わえ紐）、絹の縞模様つきで縁取りのあるターバンの一式であった。

同じオランダの国立古文書館には、平戸のオランダ商館の会計帳簿の仕訳帳が残されている。1998年に平戸市史編纂委員会によって翻訳が刊行された。

1635年から1641年までの仕訳帳には、7年間にわたってイラン（ペルシア）で購入された品として、生糸、馬具（サドル）、絨毯、衣服、金銀の羅紗、馬、羊、そして薔薇水が記されている。1635年6月30日の項目には、「ペルシア産の金羅紗」が、平戸藩主への贈物として送られたことが記されている。

3-3　商館長日記に記されたサッシュ（帯）

これらの記録に記された衣服や布はどのようなものであったのだろうか。

名古屋の徳川美術館には、サッシュとよばれる銀糸と色鮮やかな絹糸で織られた長い帯が残されている。この尾張徳川家に伝わった帯が、商館長の日記に記されたイランで織られたものかは不明だが、おそらくオランダ船によって運ばれ、将軍家に献上されたものである可能性は高い。また、ここに記された装束一式は、イランの王がしばしば外国の使節などに与えたことが文献上知られている。17世紀前半にイランに滞在したイングランドの旅行家で、のちにイランのアッバース1世の命によりヨーロッパへの外交使節となったロバート・シャーリー卿の肖像画（1622年制作）には、オランダ商館長の日記に描写されているものとよく似たサッシュを衣服の上から巻き、先端の図柄が見えるよう垂らしたかたちで身にまとった姿が描かれている。また、ほぼ同時期の1626年にアッバース1世よりイングランドに派遣されたイラン人貴族の使節ナクト・アリー・ベグの肖像画にも同様の衣服が描かれていて、当時のサファヴィー朝貴族の正装がどのようなものであったかを知る手がかりともなっている。

3-4　仕分帳に記された金銀羅紗

オランダ商館の文書に記録された金銀羅紗は、おそらく裁断される前の反物の形で輸入されていたと考えられるが、今日近衛家のコレクションを所蔵する京都の陽明文庫には、織幅が73cmほどの反物2反が保存されている。どちらも金糸や銀糸の酸化もほぼみられないほどの良好な保存状態で、輸入された当時のほぼ完全なかたちで残された、おそらく唯一の例ではないかと考えられる。布地全体に銀糸もしくは金糸を用い、色鮮やかな絹糸で、一方はおそらくサフランもしくはクロッカスの花を文様化したもの、もう一方はより写実的な描写でグラジオラスの花を織り出していて、どちらも17世紀前半サファヴィー朝時代のイランで

図5-2　銀糸　マクロ画像
（筆者撮影）

制作されたものであろう。金銀羅紗とは、おそらくこのような金糸や銀糸を使った織物を指している。

ところで、ここで用いられている金糸、銀糸とはどのような糸なのだろうか。陽明文庫の布と同様に銀糸を使用した布を、約500倍に拡大したクローズアップ写真で見てみると、イランの絹織物に用いられている金糸、銀糸は、絹糸の芯のまわりに平たく薄く叩いた銀の針金をらせん状に巻きつけたものであることがわかる（**図5-2**）。銀の純度はまちまちで、多くの場合は他の金属との合金で、金糸の場合は、この銀に鍍金、つまり金メッキを施したものが用いられる。この画像では、絹糸に巻いている様子が観察できる。

4　茶の湯のなかのイランの絹織物

4-1　茶人が所有した布

平戸藩主であった松浦家は、オランダ商館長の江戸参府に同行し、将軍の謁見や幕府の高官との関係を取りもつなどオランダ側にとっては重要な役割を果たしていた。

松浦家所蔵と伝わる茶入れには、2枚の仕覆（しふく）（茶器を包む布の袋のこと）が添えられている。茶入れそのものは後世の作と考えられるが、2枚の仕覆のうちの1枚はより古く、明らかにサファヴィー朝期の絹織物に特徴的な文様の様式と織の種類がみられる。緯糸に銀糸を用いて、10cmほどの高さの袋に、繊細な花束の文様が織り出されている。また、文様は中心軸に合わせて左右対称にデザインされ、中心の花模様の周囲に枝や細かい花がやはり左右対称に配置されている。

このようなデザインの布は、およそ16世紀末から17世紀初頭の作と考えられているが、欧米のコレクションにも類例が少ないため、詳しいことはいまだ明らかになっていない。

江戸期の日本にイランから渡来した布のなかには、僧侶が身につけた袈裟（けさ）に用いられた例がある。臨済宗の僧で、茶人として有名な江月宗玩（こうげつそうがん）が着用したと伝えられる袈裟には、前述の仕覆に使われた布とよく似た、左右対称に枝が広がった花模様の絹織物が、中国の明代の絹織物とともに使用されている（**図5-3**）。江月

図5-3　九条袈裟（部分）江月宗玩料用
（大徳寺龍光院所蔵，京都国立博物館画像提供）

宗玩は、1610年に京都大徳寺龍光院の住持となり、1643年に没して以来、袈裟は龍光院に保存されている。袈裟という性格上、本来は何枚もの異なった布を縫い合わされてつくられるものであるため、ここで使われたイラン産の布がより古い時代に輸入された可能性はあるものの、宗玩の没年である1643年より時代が下ることはないことは確実である。

宗玩は、同じ江戸初期に活躍した茶人、小堀遠州（1579～1647）と親交があった。大名でありながら、建築や造園でも活躍し、当時名高い茶人としても知られていた。遠州は、いわゆる**名物裂**とよばれる布の断片を貼ったアルバム（裂帖、もしくは裂手鑑）を最初に制作した茶人だった。遠州作の「文龍帖」とよばれるアルバムに収められた布地の断片は、そのほとんどが中国からの絹織物であるが、なかにイランもしくはインドのものとみられる断片が貼られている。これらの布は、少なくとも遠州没年の1647年以前に、イランやインドから輸入された布が、当時著名な茶人であった遠州の手元にあったことになる。このアルバムは、遠州と同時代の茶人たちの間で海外から届いた織物が、茶の湯の世界に取り入れられ、収集と鑑賞の対象になっていたことを示しているのである。

4-2　名物裂

裂帖あるいは裂手鑑とよばれるこうしたアルバムは、遠州以降今日まで茶の席で用いられるさまざまな布地の見本帳として、あるいは学習用の手本として制作されてきた。仕覆などにあつらえたときに切って残った断片は破棄されることなく、しばしばこのように丁寧に裏打ちされたのちに台紙に貼られ鑑賞の対象ともなった。

今日名物裂とよばれる船来の布の名称は、おそらく17世紀の終わり頃にその名称が確立したと考えられ、茶道具とならんで茶の湯芸術のなかでも重要な役割を担うこととなった。そのためしばしば高額で取引され、実際に茶の席で用いられ、すり切れた袋までもが廃棄されることなく、このような仕覆の解き袋として売買の対象となって取引されてきた（**図5-4**）。

名物裂は、その文様意匠、織の種別、その産地、あるいは著名な所有者の名前を由来とした名称を与えられてきたが、その区分は、その希少性や美的価値によるものが大きく、いずれも客観的で明確な基準にもとづく区分ではなかった。その価値も茶人らの目利きに頼ったところが多く、個人の審美眼や嗜好に大きく左右されるものであった。

そのような茶人が収集した名物裂がどのようにアルバムに収められ、どのような基準で分類されていたのかをもう一つの実例をみながら解説する。

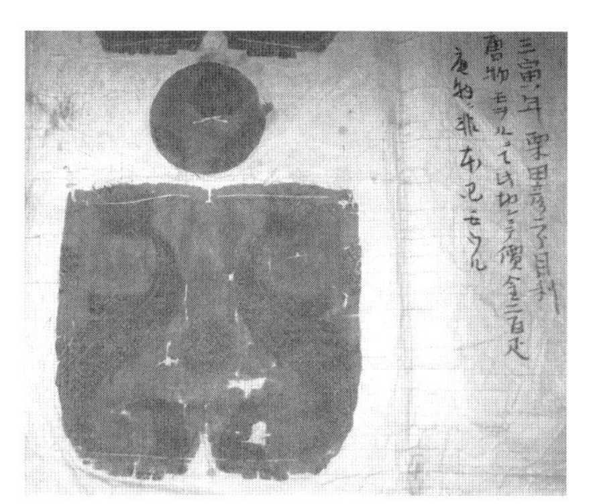

図5-4　仕覆解き袋

このアルバムは、全体の保存状態はあまり良くないものの、収められた断片の多くは、他の大名家伝来のアルバムにもみられる同じ布から切られたものが多く含まれ、ほとんどは17世紀から18世紀にかけて中国で織られた布である（**図5-5**）。その中には、金糸や銀糸を用いたモウル織とよばれる布が貼っ

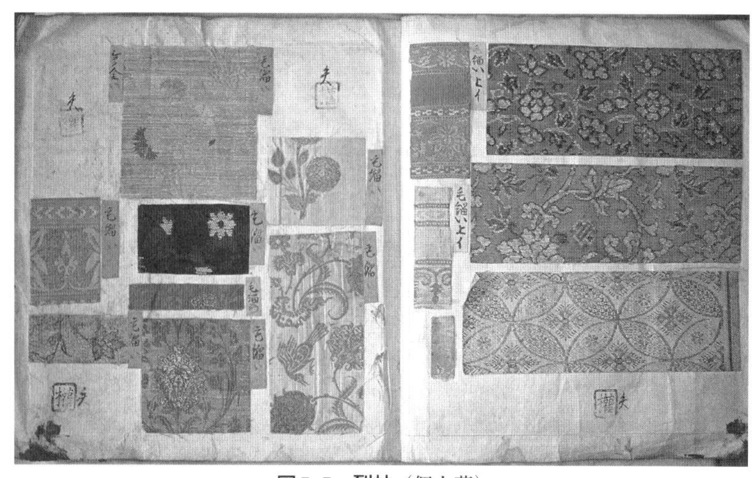

図5-5　裂帖（個人蔵）

てある。また、横には青い紙に漢字で毛瑠（モウル）と記述され、その下には朱でいろはと記されている。これらはこの手鑑の製作者が、より上手のものから個々の布に等級をつけて、いろはの順で分類していったものである。そのなかには、先ほどの松浦家伝来の仕覆や宗玩所用の袈裟と類似する、左右対称に枝が伸びる花束の文様の断片がいくつか収められている（**図5-6**）。このようなきわめて繊細で、細かい文様の布は、茶の湯に道具を収める仕覆などをあつらえるのに適したサイズであったことから、茶人たちに特に好まれたと考えられる。

図5-6　花文裂断片　裂帖（個人蔵）

4-3　名物裂のなかのサファヴィー朝期イランの絹織物の特徴

前述の京都の陽明文庫には、同じ布から切り取られたより大きな断片が残されている。そこには、ムギームという人物の名前が織り込まれている。このようなサイン入りの布はいくつか知られているものの、現存する作例は非常に珍しい。このような銘文入りの布が多く保管されていたと考えられるのが、イラクのシーア派の聖地ナジャフのイマーム・アリー廟である。この収蔵庫には、多くの絹織物や絨毯が保管されていたことが、1934年にここを調査した研究者によって報告されている。1941年に出版された図版には、白黒ながらも質の高い印刷でそれらの写真が掲載されており、なかでもサイフィ・アッバースィー作と銘文が入った布が注目される。近年デンマークにあるイスラーム美術を多く所蔵するダヴィッド・コレクションには、同じくサイフィと銘が入った布が収蔵され、作風が異なることから同一人物であるかは判断できないものの、サイン入りの作例は非常に数が少なく、生産数が限られた特別な布であった可能性が高い。ナジャフをはじめとするイラクのシーア派の聖地をめぐってはイランの隣国オスマン帝国となんどもその所有権をめぐって戦いが起きた。しかしこの地域は、1623年から1639年までイスラーム教シーア派を採用するサファヴィー朝が管理していたことから、この時期ナジャフのイマーム・アリー廟に、サファヴィー朝の王族などからの寄進があった可能性がある。上記の著書に記載されている布や絨毯のなかには、王家からの注文によって宮廷の工房で制作されたと考えられる品が多く含まれていることも、この説明を裏づけている。前述の陽明文庫所蔵の銘文入りの布も、そのような宮廷と関連する工房で織られた可能性が高いといえよう。

5　イランから日本へ

5-1　オランダ東インド会社による入手先

では、そのような特別な布がどのようにして日本まで運ばれたのであろうか。文献上の記録はないため推測の域を出ないが、いくつかの可能性が考えられる。まずはイラン国内に商館をもっていたオランダ東インド会社が、イスファハーンの宮廷に出入する商人から購入したとするもの。もしくは宮廷工房から直接購入したことも考えられるが、このような特別な注文をすることができた王族や貴族から入手した可能性も否定できない。

また、インド洋沿岸の各地では、イラン系の商人の活躍がみられたことから、オランダ東インド会社が、イラン産の絹織物をそれらの交易拠点で買い求めたとも考えられる。イランのサファヴィー朝と密接な関係を保っていたインドのデカン地方の王国、なかでもゴルコンダ王国は、イラン系の商人が多く居住したことで知られ、インドの主要な交易品であった綿布の中継点として栄えた。ゴルコンダ王の肖像画には、豪華な布であつらえた衣服が描かれている。ただし、このような絵画作品からは、イランとインド双方で類似するデザインの布がイランで織られたのか、もしくは現地でつくられたものかを判断することはできない。

5-2　日本に渡来したモウル織物の特徴

現在、名物裂のなかのモウル織として知られている絹織物のデザインは、どれも文様が小さく細いものが多い。これは、茶道具を包む仕覆などとして用いられてきたため、大柄なデザインはこの用途には向かないことと関係していると考えられる。近衛家の陽明文庫蔵の二幅の布の場合は、図柄が大きく、小さな道具を包む袋のあつらえには適していないため、細かく裁断されることなくほぼオリジナルなかたちで保管されていたのではないだろうか。

また、現存する名物裂のなかには、サファヴィー朝期に最上級の布として織られたビロードが見当たらないことも注目される。ビロードは、イラン国内のみならずヨーロッパでも高い評価を受け、現存する例も多い。ただし、繊細なビロードは耐久性に乏しく磨耗も早いため、失われてしまったのか、あるいは単に茶の湯の席で好まれなかっただけかもしれない。いずれにしても、どのような織やデザインが日本で好まれるかは、オランダ側も十分調査をしており、実際に日本の市場について商館から詳細な報告がなされている。日本側からは特定の種類や色の布が注文された記録が残っていて、オランダ側もその注文に応えるために苦労していた様子も商館長日記の記述から読み取れる。

5-3　日本向けに選ばれたデザイン

オランダ東インド会社が取引した染織品のなかでも、取引量の多く、需要が高かったものにインドの更紗(さらさ)がある。木綿の布に鮮やかな赤色の茜(あかね)染料を使って、文様を筆で描いたり、版木を使ってプリントした更紗は、東南アジアや日本、ヨーロッパでも大変な人気を博した。特に日本向けには、日本からデザイン画がインドに送られ注文されていた。残念ながら、前述の平戸のオランダ商館関連の史料からは、日本の市場向けに絹織物のデザインが注文されたかはわからない。ただしタイの王室からの注文で、特別なサイズの絹織物がイランに発注されたという例がオランダ商館の記録に残されている。そして、更紗と異なり、絹織物は、機織り機の準備に長い時間と手間を要することから、大変高価なものとなってしまうため会社にとって利益が出ないと報告されている。この記述からわかることは、日本向けの絹織物に関して特別に発注された布は、あったとしても多くはなく、ほとんどがイラン国内向け、あるいは輸出用に織られたもののなかから、日本の市場に適した布をオランダ人が買い付けたものとみてよいであろう。

6　おわりに

ここまでみてきたように、近世におけるイランと日本の関係は、ほぼ物を通じた間接的な交流であった。特に、17世紀から18世紀にかけては、生糸や染織品が外交や交易のなかで重要な役割を果たしていたことが、文献史料と現存する染織品からもみて取れる。また、江戸時代を通して、主にオランダ人の手によってイランから運ばれた染織品は、将軍や諸大名に送られ、その一部は売却、もしくは下賜されて商人の手に渡った。京都の商人たちは、競って海外の珍しい布を祭りの場で展示することで自らの財力を示したのである。

貴重な布は、その希少性と美的価値が認められ、大名や豪商などの茶人の間で収集の対象となり、江戸時代全期を通じて長く今日まで継承されてきた。このような海外の貴重で高価な輸入品を追い求める気質は、現代の日本人にも受け継がれているといえよう。江戸時代の人々は、将軍や大名から、身分は低くとも財力を築き経済を発展させた商人たちまで、こぞって平戸、長崎に届いた世界の珍しい品々を買い求めたのである。なかでも、染織品は需要が高く、インドの綿織物である更紗や、ヨーロッパの毛織物、そして特に貴重だったイランやインドの金銀に輝く豪華な絹織物は、江戸時代の人々がヨーロッパや中東、インド洋を通って日本にいたる交易の路に連なっていったかを物語る証となっているのである。

これらは、イランと日本を結ぶ長い交易路を経て、人の手から手へと渡った貴重な歴史資料としても重要なものである。また、茶の湯の美術のみならず、イランの人々が生み出した染織美術の遺産として貴重な史料となっているのである。

参考文献

[1] 石田千尋，2004『日蘭貿易の史的研究』吉川弘文館.

[2] 片桐一男，2008『それでも江戸は鎖国だったのか——オランダ宿　日本橋長崎屋』歴史文化ライブラリー262，吉川弘文館.

[3] 五島美術館，2001『特別展　名物裂——渡来織物への憧れ 図録』五島美術館.

[4] 杉田英明，1993『事物の声　絵画の詩——アラブ・ペルシア文学とイスラム美術』平凡社.

[5] ——，1995『日本人の中東発見——逆遠近法のなかの比較文化史 中東イスラム世界2』東京大学出版会.

[6] 杉村棟，1994『国立民族博物館創設20周年記念特別展　絨毯——シルクロードの華』朝日新聞社.

[7] スクリーチ，T.，1995『大江戸異人往来』高山宏訳，丸善ブックス036，丸善.

[8] ——，2011『阿蘭陀が通る——人間交流の江戸美術史』村山和裕訳，東京大学出版会.

[9] Baker, P.L., 1995, *Islamic Textiles*, British Museum Press.

[10] Bier, C. (edit.), 1987, *Woven from the Soul, Spun from the Heart: Textile Arts of Safavid and Qajar Iran, 16th–19th Centuries*, The Textile Museum.

第Ⅲ部

異文化（他者）と表象

第6章

「祖国」という名の異国、
「同胞」という名の他者と向かい合う

八尾　祥平

両親もしくは祖父母の代に現在家族が暮らしている地域へやってきたという場合、同じ国内での移動でも、両親や祖父母の故郷に親しみを覚えることはあってもみずからの故郷とまではいえないと感じる人が多いだろう。本章では、故郷が「外国」にある場合、とりわけ、日本がかつて植民地にしていた朝鮮半島出身者について論じる。彼らは戦前から戦後にかけて日本で生活するなかで世代を重ね、みずからのルーツではあっても朝鮮半島で生まれ育ったわけではない。そのため、「祖国」が異国の地となり、民族的には同じ「同胞」が外国人と変わらなくなってしまったことをテーマにした小説を取り上げる。小説を通して自己と他者の関係が人の移動や植民地支配の歴史によってどのような影響を受けるのかについて考える。

1　在日コリアンにとっての近代と「家」問題

明治維新前後の日本の国家レベルでの課題は、いち早く西ヨーロッパの大国のような近代国家の仕組みを整え、植民地化を回避することであった。「富国強兵」とはそのためのスローガンであった。ヨーロッパの大国のような近代化を成し遂げることは決して日本だけではなく、他のアジア諸国においても長年の課題として認識されてきた。

現在、世界の多くの国では近代国家の仕組みが取り入れられているが、その仕組みはヨーロッパという世界の一地域のなかで長い時間をかけてつくられてきたという意味では普遍的なものでは決してなく、むしろ、「特殊」な仕組みにすぎない。さらに、ヨーロッパにあらわれたこの「特殊」な近代国家の仕組みは、他

の地域の国家の仕組みと比べて優れているから他国がこれを受け入れたというよりは、ヨーロッパの大国が強い軍事力を背景にして世界に植民地をつくっていったことで広がったということがより実態に近いだろう。

ヨーロッパに「近代国家」ができるまで

高校の世界史などで勉強した人にとっては復習になるが、ヨーロッパで近代国家の仕組みができあがるまでの歴史を簡単に取り上げたい。近代国家の仕組みはおおまかにわけて二つの段階を経てつくられていった。

まず、第一の段階として、15世紀から16世紀にかけてのルネッサンスとよばれる時代に起きた、宗教改革と大航海時代があげられる。宗教改革とは、キリスト教のなかでカトリックという宗派から離脱し、新たな宗派が立ち上がっていった動きのことである。これによって中世のヨーロッパは神（＝教会）の支配から抜け出し、人間（＝君主）による支配へと切り替わっていく地域が現れるようになった。そして、キリスト教による支配に代わって、君主制を正当化するために王権神授説（王権は神から授かり、神以外にはなんら拘束されない、という考え方）という当時としては新しい考え方がつくりだされた。カトリックにとって、信者が減ることは経済的には収入が減ることにもつながっていた。ヨーロッパでは新たに信者を獲得することはのぞめないため、新たに信者を獲得するために大航海時代の波に乗って、商人たちとともに宣教師もヨーロッパの外へと向かっていったのである。

次に、第二の段階として、18世紀から19世紀にかけての市民革命と産業革命が取り上げられる。市民革命は、君主による支配から市民による自治、つまり、君主制から民主制への切り替えを意味する。君主制を正当化した王権神授説に代わり、民主制を正当化するための理論として天賦人権論が登場する。その一方で、産業革命によって工場で機械を用いた大量生産が行われるようになり、こうした工場での生産にいち早く着手できたイギリスが当時の世界で最も経済的な繁栄を享受した。

ここで重要なことは、当時のイギリスは「世界の工場」とよばれるほど産業が発達するものの、工場で製品をつくるための原料の生産や、工場でつくられた製品を売りさばくための市場はイギリス一国で扱いきれるものではなく、海外に植民地をつくることで成立しており、当時からすでに「グローバル」な仕組みであったということである。イギリス本国では市民革命を経て民主制が成立する一方で、産業革命によってイギリスを宗主国としてその影響を大きくうけるアジアやアフリカの植民地が経済的に結びつけられるようになったにもかかわらず、植民地の出身者には宗主国の市民に認められる政治的権利は認めないという状態におかれた。ヨーロッパでできあがった民主制とは、理念そのものは非常にすばらしいことは否定しないが、その理念を支えるために民主制の恩恵にはあずかれない、民主制の外に置かれた人々を必要とするシステムだったのである。

「近代国家」が生み出した「国民」と「国語」

このようにヨーロッパの中で近代国家の仕組みがつくられるなかで重要な役割を果たすようになったもののひとつに「ことば」がある。近代国家の仕組みでは、それ以前とは異なり、自らの財産を他国から守るためには市民一人一人がみずから戦わないといけなくなる。また、工場でも効率よく生産できる体制を整えなければ市場での競争に勝てない。戦場にしろ、工場であれ、大きな組織の中で人を効率よく動かしていくためには、組織の中で人々が同じ言葉を話すことが必要となってくる。近代以前（以後、前近代と記す）のヨーロッパでは、同じ国のなかであっても地域によってさまざまな方言が話され、同じ国の人間同士であっても必ずしも言葉による意思疎通が簡単というわけではなかった。それが近代に入ると、国の中で話される共通の言葉として「国語」をさだめ、人々が「国語」を話せるように教育するための場として学校制度が整えられるようになり、「国語」を話せる人間、すなわち「国民」とみなすようになっていった。こうした「国語」を話す「国民」でできあがった近代国家は**国民国家**とよばれる。

日本においても、近代国家による富国強兵を成し遂げるために学校で国語が学ばれるようになり、それまで方言を使い言葉が通じなかった地域の人々が標準語によって意思疎通ができるようになっていった。こうしたなか、明治維新の際に幕府側について敗れた東北地方や、日本本土より遅れて日本帝国の領土に編入された沖縄や台湾などでは、「国語を使うことが正しく、方言や自分のもともとの民族の言葉を話すことはいけないことである」という意識をもたせるために教室では方言札というものが使われていた。教室で方言を話した生徒は罰として首から方言札をぶらさげ、他の生徒が方言を話すまでそのままの状態で過ごすという使われ方がなされていた。

なお、日本では、近代国家における国民化は「天皇の臣民」となるという形をとったため、**皇民化**とよばれる。日本本土であれ、植民地であれ、共通していたのは「近代化することはよいことであり、前近代の古い習慣や制度はなくしていくほうがよい」という価値観でものごとが判断されるようになった。これが日本を含めたアジアにおける近代以後の社会の特徴といってもよいだろう。

近代日本と「家」制度

近代化は学校だけでなく、家族というプライベートな場面にも影響を及ぼしていた。「近代＝よいもの、前近代＝古くさく、よくないもの」というものさしを使いながら、日本の近代化が家族のあり方に及ぼした影響をみてみよう。日本の伝統に根ざした「家」制度（本当は近代によってつくられた制度なのだが、本章ではこの点にはふれずに進める）は日本に古くからあるものなので「前近代」に分類され、新しいものにあらためるべきものと捉えられていた。言い換えれば、「家」や家族に縛られずに「個人」が自立して自由な意思による選択によって生きることが近代社会における生き方の理想とされていた。不況が長引き、かつ、核家族化・個人化が進展した現在の日本では「家族」とは「個人」を縛る側面もあるが、社会の中で助け合うためのセーフティーネットとなる側面が見直されるようになってきているため、ここで取り上げた議論はもはや少し古い図式となった感はあるものの、「家からの解放」は近代以後の日本の近代化の大きな課題のひとつとして認識されていた。

植民地朝鮮出身者からみた近代日本と「家」

近代日本における「家」の問題を戦前の朝鮮人2世の目から眺めると、上述したものとは少し異なった様相がみえてくる。普通の「日本人」にとっては息苦しいはずの「家」は、多くの朝鮮人2世からみれば「幸せな家庭」に他ならなかった。当時の朝鮮人にとって、みずからの家庭とは貧困と父親の理不尽な暴力の現場に他ならず（ただし、1世にとってみれば、その困窮は多くの場合、日本による植民地化を通してもたらされたものであったことは無視できない）、みずからの境遇と日本人との落差が強く意識されることになった。こうした困窮の場である前近代的な「家」から、「近代社会」の理念によって解放されることを強く願った戦前の朝鮮人2世たちのなかから「個人の近代化＝**皇民化**」していこうとする者が少なくなかったのである。ただし、これと同時にこうした皇民化には強い抵抗をもつ人々が当然いたことも忘れてはいけない。

日本の敗戦によりこうした皇民化は、そのための努力をした朝鮮人2世自身の考えとは関係なく否応なしに否定され、皇民化に替わる「近代化」の価値観として新たに「戦後民主主義」や「社会主義」といった皇民化とは正反対の価値観を新たに身につけなければならなくなった。こうしたことから、戦後の在日コリアン2世による文学作品では「朝鮮民族でありながらも『半日本人』性をもつ自分自身についての悩み」をテーマにした作品が多くなる。こうした在日コリアンの深刻な悩みは純粋な「日本人」や「韓国人・朝鮮人」には意識されづらいものであり、日本および韓国・朝鮮での「正史」として取り上げられることはまれであることに注意を向けてもらいたい。

「祖国」や「同胞」が他者となるなかで

こうした在日コリアン2世の「純粋な朝鮮民族になりきれず、また、自分から完全に切り離せずにまとわりつく日本人性をもった自分」というテーマも確かに重要なテーマではあるが、この章ではその次の世代を中心に取り上げたい。在日コリアン2世の「近代化＝**皇民化**」経験からくる「半朝鮮人・半日本人（＝朝鮮民族になろうとしてもなりきれない）」という悩みは、自分自身を必要以上に「国家」や「民族」というものに結びつけて捉えてしまうことから生じている。このため、「国家」や「民族」というものではとらえきれない、そこからこぼれてしまっている側面もあるはずなのに見落とされがちになってしまっている。では、「国家」や「民族」にとらわれていないことを強く自覚する在日コリアンがいたならば、彼ら・彼女らはもはや日本人と変わらないということなのだろうか。また、在日コリアンは自らの悩みを主観的にではなく、他の民族の人々にも客観的に理解されることは可能なのだろうか。そして、戦後の日本で生まれ育った在日コリアンにとって「祖国」とはどのようなところとして捉えられるのだろうか。次節では、在日コリアン2世とは異なる、在日コリアン3世（人によっては2世）が抱えこむことになる課題に取り組んだ作家として李良枝の小説作品を取り上げる。

2　李良枝の生涯

まず、李良枝の37年の短い生涯を紹介したい。

1955年　山梨県に生まれる。父は韓国の済州島出身。普段の生活では、田中という通名を使っていた

1964年　日本籍に帰化し、田中淑江が本名になる（ただし、兄は帰化に反対していた）

1970年　日本舞踊・琴を習い始める

1973年　両親の不和から高校を中退し、家出。自力で京都の高校に通い、日本史の先生を通して「民族」について考え始める

1975年 早稲田大学に入学するも半年で中退。伽倻琴に出会う
1980年 初めて韓国を訪れる。長兄が急死する
1981年 次兄が原因不明の病で亡くなる
1982年 ソウル大学に入学。両親の離婚。小説を執筆するようになる
1988年 ソウル大学を卒業。『由熙』を発表
1989年 芥川賞を受賞(冷戦終結・平成になる)
1992年 韓国から新宿にうつり、ひとり暮らしをはじめる。肺炎で亡くなる

つづいて、生前の李良枝が講演でみずからの生い立ちについて語った部分を取り上げたい。

……子供の頃、父や母にともなわれて大阪に住んでいる親戚の家へ何度も行ってみたことがあります。当時は「朝鮮人」という日本語が、とても侮辱的で差別的な意味で用いられる時代でしたが、私があまりに幼かったせいか大阪の親戚が住んでいる町へ行っても、その異質な環境や雰囲気をかえって面白く稀しいものとしてのみ受け入れ、それを否定的にとか恥ずかしいものとしてとかは考えなかったように記憶しています……

……あからさまにいじめられたとか辱められたとかいう、直接の経験もありません。けれども、なぜそうなったのかはっきりしないまま、自分が「朝鮮人」だということを一つの大きな欠点みたいに感じるようになり、否定的なこととして受け止め始めました。これは、「**目に見えない差別**」と表現するしかないものかもしれません。……

李良枝自身は日本で生まれ育ち、日本人とほとんど変わらない生活を送り、ものの考え方や感じ方も日本人とほとんど変わらないといってよかった。日本社会の中にとけて生活していくうちに彼女は誰かに差別された経験はないはずなのに、日本人と同じように「朝鮮人(韓国人)」を日本人よりも劣る存在としてまなざす価値観(=目に見えない差別)を「自然と」知らず知らずのうちにみずからのなかに取り込んでいってしまったのだと考えられる。「目に見えない差別」は、自分が知らないうちに身につけた価値観では自分自身が差別の対象になってしまうという矛盾した状況に人を陥らせる。国家や民族をさほど強く意識することはなかったとしても、日本で生まれ育ち、ほとんど日本人と変わらないことは

自分自身の家族に流れている東アジアの歴史から解放されることはなく、かといって「日本人」や「韓国人・朝鮮人」になることで解決する問題でもないという、答えの出ない、やり場のない葛藤を抱え込むことになる。

日本人のように「韓国人」である自分自身を差別して眺めるという日本人ではないが、本国で暮らす韓国人とも異なる自分自身をどのように描けるのか。また、李良枝が作家活動を行っていた当時は、在日コリアンにとって、一般には日本国籍に帰化することは朝鮮半島の同胞とは距離をおくだけでなかった。みずから民族を捨てたとして、その後はみずからの出自については一切語ることなく孤立して生活することを意味する時代でもあった。こうしたなか、自分にとってはもはや異国でしかない「祖国」や他者でしかない「同胞」という現実にどのように向き合うのかといった問題について、李良枝は「国家」や「民族」に頼らずに、「個人」を切り口にしてすべての人にもあてはまる（＝普遍的な）課題として掘り下げようとした。

3　『由熙』を読む

李良枝の小説『由熙』を読む前に、小説を通して社会について考えるという、おそらくは高校までは授業などで取り扱ってはこなかったであろう「読み方」について説明したい。

小説と社会の結びつき

小説は、例えば歴史書のように実際にあった出来事を事実に基づいて書くわけでは必ずしもなく、空想の出来事を描くこともできる。しかし、本当に何にも縛られずに自由に書けるわけでもない。ある程度は自分たちが生きている社会の状況によって書けることと書けないことが左右される。本章では、小説作品を登場人物の心理などをくみ取ることやその表現の鋭さよりも、その小説が書かれたときの社会情勢などが作品にどのような影響を与えたのかという部分に焦点を当てて分析を行う。

小説と社会の関わりとはどのようなものだろうか。実は、小説自体がこの章の冒頭でふれた近代国家や国民の形成と非常に深い関わりをもっている。まず、「日本文学」といえば、「日本語」で書かれた文学（小説・詩など）であることが前提にある。この「日本語」は、学校を通して身につけていくもので、近代国家の学校教育制度によって広まっている。近代の小説とはこのような「国語」や「国民」の成立ともちつもたれつの関係にある点でも、小説を社会との関わりを抜きにして考えることはできないのである。

また、日本を代表する文学賞として芥川賞と直木賞がある。芥川賞は純文学、直木賞は娯楽小説の新人に与えられるという区別が（一応は）ある。李良枝の小説『由熙』も芥川賞受賞作品である。ただし、注意をしてほしいのは、小説『由熙』は単に賞をとるような優れた作家の作品だから本章で取り上げるわけではない。賞として「選ぶ」という行為は何らかの社会への影響を考えた行為であり、そういうフィルターを通して選ばれた作品でもあるからである。例えば、沖縄出身の作家が戦後初めて芥川賞を受賞したのは、沖縄県がアメリカの占領下から日本へ復帰する直前の1971年であり（東峰男『オキナワの少年』）、これは在日コリアンの作家による作品（李恢成『砧をうつ女』）との同時授賞であったことは決して偶然ではない。審査員は明確に社会へのメッセージを含んでいる。この場合は、沖縄返還を控え、「ふつう」の日本人による日本語小説ではなく、日本の施政権下にない沖縄や日本で生活しつつも日本人ではない在日コリアンによって書かれた「日本語」の小説がこの日本社会にはあるのだということを広く世に知らしめるという意図があってのことである。在日コリアンや沖縄の人間＝日本という**国民国家**の「ソト」にある人間が日本語を書くということは、近代国家と「日本語」との深い結びつきや、日本帝国が植民地をもっていたことをあらためて問題化せざるを得なくなる。逆にいえば、旧植民地出身者以外の人間が「日本語」で表現を行う場合、それは誰であるのか、そして、それはどうして書かれたのかを考えてみよう。

二分法には陥らない自己と他者の多様性

前置きが長くなってしまったが、ひとまず『由熙』のあらすじを紹介したい。この小説は、自分のルーツである韓国へ留学したものの韓国になじめず留学途中で日本へ「帰国」してしまった在日コリアンの女性・由熙を、彼女の下宿先の家族で彼女より少し年上の韓国人女性である「私」と、下宿を営む「私」の叔母の視点から描いている。小説は「私」のなかで留学してから日本へと帰国するまでの由熙との記憶が中心に描かれる。

『由熙』では、「祖国」への留学に挫折した女子学生を通して在日コリアンを客観的に描くことが試みられている。まず、そのための仕掛けの一つに配役がある。この小説の主な登場人物は三人いる。まず、在日コリアンの留学生・由熙はもろさ・繊細さ・神経質な性格をもつ人物として描かれる。理想に燃えて祖国へ留学したものの、同胞と自分を同じようにみることができない現実に直面し、挫折して帰国する。次に、韓国人である「私」は姉のような立場から、彼女を放っておけないと思いつつ、時には正面からぶつかりあう。その一方で、「私」と同じく韓国で生活する韓国人の叔母は母のような立場から、彼女が彼女の抱える課題を自力で乗り越えることを期待し、見守る様子が描かれている。こうした「配役」によって、在日コリアンとしての自分自身を客観視するために、韓国人からみた語りが取り入れられている。自分に都合のいいことを、誰かに語らせるのではなく、そこにはみっともない姿がさらけだされる（しかし、執筆者にとっては自分自身の悪いところも真正面からみつめざるを得なくなるため、精神的には非常に苦痛を伴う作業であったことには間違いがないだろう）。

また、在日コリアン／韓国人という単純な二分法を回避するために、韓国人であっても私と叔母の二人の異なる視点からみた、由熙が語られる。このことを端的に示すのが、岩山をめぐるこの三人の距離の取り方である。岩山とはこの小説では韓国社会の象徴として描かれている。この岩山を眺めるだけで登れない「私」と由熙は、韓国社会に対して距離を感じており、かつ、同じ高さで話をする関係であることが暗喩的に示されている。その一方で、岩山にたびたび登った経験のある叔母は韓国社会の一員として、ある種の成熟した者の立場から、高い場所から由熙だけでなく、「私」の成長をも願っていることが読み取れる。こうした工夫によって「○○人／非○○人」という二分法では見逃してしまったり、かき消されたりしがちな、より多様な社会の中に生きる一人ひとりの人間が描き出される。

自己と他者を結ぶ「普遍性」を求めて

この作品において非常に重要な点としてあげておきたいのは、「音」にまつわる記憶の描写である。一般に、「まなざし」は社会を分析する際にも重要な切り口として取り上げられることが多い。例えば、第10章で取り上げることになる沖縄の小説家・目取真俊の『魚群記』では「眼」や「まなざし」が自己と他者の関係を描くうえで重要な要素として扱われている。その一方で、『由熙』では「音」にまつわる恐怖と憧れが描かれている。まず、「音」に対する恐怖としては、コトバ＝声への嫌悪感として周囲の韓国人の話し声にパニックを起こす由熙の様子が描かれる。これは「日本人」としての自分にはなじめない韓国社会との軋轢のひとつの「症状」として表れている。その一方で、「音」に対する憧れも描かれており、これは伝統＝音楽に結びついている。由熙にとっては、「日本人（在日コリアン)」としての自分がかろうじて接点を保ちうる「韓国」として伝統音楽が見出されていたのである。「まなざし」は「見る(=支配する)/見られる(=支配される)」という関係を強調する暗喩として小説で用いられる場合が多いものの、李良枝は社会を単純にふたつのカテゴリーにだけ分けてしまおうとする社会の中にある目に見えない力やルールから距離をおき、単純な二分法だけでは決して描くことのできない人間の生を浮かび上がらせるために、由熙を精神的に追い詰めるだけでなく、心を和ませよりどころにもなるという「音」の多面性を強調したのだと考えられる。社会と個人のつながりは、決して「国家」や「民族」といった言葉や概念だけでなく、視覚や聴覚といった人間の五感にまで影響が及んでいる。だからこそ、李良枝はみずからでみずからを差別する価値観を知らず知らずのうちに身につけてしまったのであり、そこから抜け出す道の一つとして思想、哲学、歴史ではなく、伝統音楽に見出していたのである。言い換えれば、観念的に「普遍性」を追い求めたり、二分法的なロジックをつきつめすぎて出口のみえない状況に自らを追いやったりするのではなく、伝統音楽のように、それ自体も歴史の蓄積による産物ではあるものの、それに触れる人の国籍や民族を問わないというもう一つの「普遍性」がもつ力に李良枝は引き寄せられていたといってよいだろう。

4 異国としての「祖国」

由熙の帰国後、「私」は日本語とハングルの「言葉の杖をつかめない」という由熙の言葉を思い出す。由熙は毎朝、目が覚めると頭の中で「音」がするのだという。それは、日本語であれば「あ」であり、ハングルであれば「아」であるのだが、彼女は日本語へとつながる言葉の杖をつかめばいいのか、それとも、ハングルへとつながる言葉の杖をつかめばいいのか、さんざん迷ったあげくどちらもつかむことができず、立ち上がれないと語る。由熙は、日本にいても、韓国にいても、日本人からも韓国人からも「日本人か、韓国人か、そのどちらか一方だけ選べ」と強制され続ける。しかし、彼女はあえて「選ばない」という選択をする。そもそも由熙にとっては日本人と韓国人のどちらか一方を機械的に選べるものではない。結果として、彼女は「選ばない」ことを選択した代償に、日本人にも韓国人にもなれず、惨めに留学に挫折して帰国することになる。

おそらく、教室でこの作品についての感想文を求めたら、「海外留学ではさまざまな苦労があるだろうし、由煕には同情するけれども、苦しいことを乗り越えて努力することが大切だと思う」といったコメントが少なからずでてくるだろう。辛い思いから逃げるようにして留学途中で帰国することは、「辛いことにも耐えて成長する」ということに価値を見出すという価値観・ものさしだけでは、結局「中途半端」としてしか評価することができない。

しかし、由煕の挫折には、実はこうした「努力によって苦しいことを乗り越えて成長する」という社会に蔓延している、真正面からは否定しづらい価値観が含む深刻な問題への鋭い批判がこめられている。苦しいことを我慢して目標を達成し、成長すること自体を全否定する必要はないが、それならばなぜ、人間として成長することが日本人か、韓国人かのどちらか一方を選ぶことにも結びつけられ、そのどちらでもない存在を否定することになるのだろうか。自分自身がどこの国の国民であるのかを疑うような意識をもたない人にとっては意識されづらいものの、今も昔も**国民国家**において学校制度は「優秀な国民を養成する」ものとして機能している。このため、学校に通う個々人の成長は、知らず知らずのうちに「国民としての成長できたか」というものさしで評価されることにいつの間にかすりかわってしまう。学校は「努力によって優秀な国民になる」という成長物語にうまく乗ることができた人間だけでなく、そうはなれなかった人間をも生み出し、「中途半端」「落ちこぼれ」といったレッテルを貼り付ける。こうしたなか、由煕のようにどこかの国民になりきれない存在が国民としての成長とは異なるかたちでの生き方を望むことは、結局は受け入れられず、どこかの国民であることに疑問をもたずにすむ多くの人々からは「成長するための努力ができないダメなひと」とみなされて挫折せざるをえなくなるのである。だからこそ、作中でも、「どこかの国民であることを選ばない」ということと成長しないことがかさなっているからこそ、由煕は中性的で、年齢の割には幼くみえる女性として描かれるのである。

「選ばない」という選択の意味

もし、由煕の挫折に積極的な意味があるのだとしたら、それはどのようなところにあるのだろうか。彼女の「選ばないという選択」は、「国民」や「民族」といった観念に自分自身を預けてしまうことへの拒否であり、「国民」であることに疑問をもたずにすむような人からは、「国民」にはなりきれないという理由だけで「落ちこぼれ」とされてしまう。しかし、由煕は努力の足りない中途半端な怠け者なのではなく、なんでもかんでも人間を国民としてその成長をうながそうとする社会の仕組みを批判するという価値観・ものさしを使ってみつめ直せば、むしろ、**国民国家**という「立派な国民」であることが求められ、実際には、非国民だけでなく、国民の大半にとっても生きづらい社会の仕組みを、より多くの人にとって生きやすい社会へ変えていくための起点となり得る重要な存在として評価することができるのである。

完全な余談にはなるが、大学は近代の学校制度のなかに存在しているため「努力して成長する」という物語のなかにあるものの、「立派な国民として成長する」という価値観自体の是非を疑って考えることのできる空間でもある。学生諸君には大学で勉強している間に、「努力して成長する」というこれまでに身につけた、真正面からは否定できないようにみえる社会常識とは異なる評価のものさしにひとつでも多く触れることができるようにと願ってやまない。

こうした国民国家と国民としての成長物語への批判とは別にして、この作品の最も重要な点のひとつとして、きれいごととしてではなく、「目に見えない差別＝知らず知らずのうちに自分自身を差別するという価値観を身につけてしまったこと」の問題を率直に描き出したことがあげられる。朝鮮半島と同じように近代以降に日本の領土となった歴史をもつ、沖縄や台湾の小説では、「差別される自分が、他の人間を差別する」という一人の人間のなかに加害者の側面と被害者の側面が重なることがテーマになることはあるものの、「差別される自分のなかに、差別する人と同じ価値観、差別のものさしがある」という自覚にまで到達できたのはこの作品だけである。この違いは、前二者が沖縄人や台湾人というアイデンティティをうみだそうとする、いわば、アイデンティティの不足が意識されるなかで書かれたのに対し、『由熙』はそれとは逆のアイデンティティの過剰（＝「目に見えない差別」）によって産み落とされたことに由来すると考えることができるのではないだろうか。

日本語で書かれてはいるものの、通常の日本文学でも、ましてや韓国・朝鮮文学の主流の位置にはないこの作品は誰にとって読まれるべき小説なのだろうか。この小説は、在日コリアンに限定して読まれるべき「特殊」な小説では決してなく、植民地とそこから解放された地域が世界に広がり、国家やアイデンティティの不足あるいは過剰にさいなまれている現代社会に生きるすべての人にとって読まれうる「普遍的」な世界文学とよぶべき優れた作品なのである。

参考文献

[1] 温又柔，2016『台湾生まれ 日本語育ち』白水社.
[2] 金城一紀，2000『GO』講談社.
[3] 金時鐘，2010『朝鮮と日本に生きる——済州島から猪飼野へ』岩波新書.
[4] 鷺沢萠，1990『葉桜の日』新潮社.
[5] ——，1997『君はこの国を好きか』新潮社.
[6] 関川夏央，1997『海峡を越えたホームラン——祖国という名の異文化』双葉文庫.
[7] 竹田青嗣，1983『〈在日〉という根拠——李恢成・金石範・金鶴泳』国文社.
[8] 安本末子，2010『にあんちゃん』角川文庫.
[9] 李良枝，1997『由熙 ナビ・タリョン』講談社文芸文庫.
[10] ——，2010『刻』講談社文芸文庫.

第7章

表象／消費される異文化

日本のメディアで生みだされる東南アジアへのまなざし

高城　玲

日本において私たちは異文化をどのようにまなざしているのだろうか。特にメディアと東南アジアに焦点を当て、東南アジアという異文化が日本のメディアでどのように表象され、またそれがどのように消費されていくのかを考えてみよう。取り上げるのは日本のテレビ番組と女性誌や旅行誌の事例である。テレビ番組では東南アジアを「未開」「秘境」「野蛮」と強調して表象していたのに対して、女性誌や旅行誌では「楽園」という言葉が繰り返されていた。同じ日本が同じ異文化を対象としているにもかかわらず、その表象はまったく逆にみえる。しかし、一見すると逆にみえるこの表象には、異文化に対するまなざしの共通する問題が横たわっている。メディアで生みだされるまなざしの問題点を考えてみよう。

1　はじめに

現在、私たちの日常生活には、**異文化**とよべるものが身近にあふれている。異文化を日本以外の海外に限定して考えてみても、例えば、海外からの旅行者や滞在・居住者は身近な存在となり、観光地や繁華街では日本語より外国語を多く耳にすることさえある。また、日本製品以上にアジアを中心とする海外製のモノなしでは、私たちの日常生活が成り立たない状況になってずいぶん久しい。テレビや雑誌、インターネットなどのメディア上でも日本のことのみならず、海外の情報が瞬時にリアルタイムで伝えられる環境にある。このように、私たちの現在の生活は、異文化の人、モノ、情報に囲まれているといえるだろう。

しかし、果たして身近にあふれている海外の異文化について、立ち止まってじっくりと考えてみたことがあるだろうか。本章では、日常に異文化があふれ不可欠で当たり前になっている現在だからこそ、日本において私たちがそれをどのようにまなざしているのかについて、改めて考えてみたい。なかでも、異文化に関連するメディアに注目し具体的な事例を検討してみよう。

本章では、日本が**東南アジア**のタイをどのようにまなざしているかという事例を取り上げる。つまり、日本において東南アジアのタイという異文化が、**メディア**上でどのように表象され、またそれがどのように消費されていくのかという事例に焦点を当てる。

2　表象と消費

事例の紹介に入る前に、本章のタイトルになっている表象と消費という概念について、まずは簡単に確認しておきたい。

表象

表象という言葉は、少し堅い言葉に聞こえるかもしれない。が、表現すること、あるいは描くことという言葉に置き換えてみると一般的な言葉として理解しやすくなるだろう。表象（representation）とは学術用語でもあるが、もちろん上記のような一般的な意味もそこに含まれている。

ただ、表象という概念でもうひとつ忘れてはならないのが、代表（代弁）することという意味も含まれるということである。つまり表象とは、言語やメディアを通じた意味を生みだす活動であると同時に、代表（代弁）するという特定の集団の利益や権利などに関わるある種の政治的な活動ともなるのである。表現する者が政治的な活動ではないと否定したとしても、その作品を他の誰かが目にする限りにおいて、本人の意図を離れて、そこに何らかの政治性が読み込まれる可能性が常に存在するといえるだろう。

消費

他方、**消費**という言葉は、一般的によく使われる言葉だろう。ただ、人文学的な学術用語として考えた場合、そこには大きく二つの意味があるといえる。つまり消費（consumption）には、使用的価値の消費と、社会的価値の消費という大きく二つの意味がある。

この意味をわかりやすくするために、まずはモノの消費に限定し、カバンというモノを例に具体的に考えてみよう。カバンというモノの使用的価値は、しまって運ぶなどの使用上の価値であり、それゆえに私たちはカバンというモノを消費する。が、であればそうした使用上の価値を満たせば、カバンは紙袋でもスーパーのビニール袋でも何でもよいはずである。それにもかかわらず、カバンには数十万円もするような高価なものが多くあり、そうしたカバンが一部で人気を呼んでいる。人々はそれだけの対価を支払う価値を見出すからこそ、高価なカバンを消費するのだ。いわゆるブランドという言葉で総称されるようなモノの社会的価値である。

つまり、高価なブランド品をもつことによってその人の社会的地位や階層、生活様式、趣味などを示すことにつながるがゆえに、人々はそこにカバンというモノの社会的価値を見出して消費する。ここでの社会的価値とは、ボードリヤールが『消費社会の神話と構造』で指摘したように、いわば生活様式などを示す記号であり、人々は使用的価値のみならず社会的価値（記号）としてのモノも消費するのである。

またここでは、モノの社会的価値（記号）の消費以外に、モノ以外におけるより広い意味での記号の消費という側面に注意を喚起しておきたい。例えば、本章で取り上げるメディア上の表象は、そこで生みだされる意味がまさに何らかの記号として受け止められることで消費され、また、文字どおり商業ベースでも視聴者や読者に金銭を介して消費されていくといえるだろう。

これら表象と消費という言葉の学術的な意味を押さえたうえで、次には表象/消費される異文化の具体的事例を考えてみよう。

3　日本が表象/消費する東南アジア

日本のメディアにおいて、異文化である東南アジアのタイがどのように表象され、どのように消費されているだろうか。以下、3-1節では日本のテレビ番組の中でタイがどのように表象/消費されるのかという事例を取り上げ、3-2節では日本の女性誌や旅行誌においてどのようにタイが表象/消費されるのかという事例を紹介する。

3-1　テレビ番組の中のタイ

「世界ウルルン滞在記」

ここで取り上げるのは、1990年代半ばから民放で放映されてきた「世界ウル

図7-1 「世界ウルルン滞在記」DVD ケース表紙

ルン滞在記」というテレビ番組である（**図7-1**）。この番組は、日本の俳優や芸人が海外でホームステイしながらさまざまなことにチャレンジしていく過程を紹介するクイズ形式の情報番組である。何度か番組リニューアルを経ながらも、基本的には海外の異文化に出向き実際に現地で体験する過程をドキュメンタリー風に紹介し、人気を博してきた番組である。擬似的ではあれ、この番組を通して初めて海外の異文化に触れたという印象をもつ日本人視聴者も多いだろう。

ムラブリ族の表象

ここでは、なかでも日本人芸人がタイ北部山地のムラブリ族という少数民族を訪問した際の番組（2007年4月15日、TBS）における**異文化表象**に注目したい。ムラブリ族はかつて森の中を移動しながら狩猟採集の生活を行っており、簡素な臨時居住スペースを覆う屋根の葉が緑から黄色に変わったときに他所へ移動するため、タイ語では「黄色い葉の精霊」ともよばれる。

まず、番組導入部での紹介の仕方が特徴的である。冒頭で、裸の子供たちが森の中で遊んでいる光景を映し出しながら、「ようこそ、ふんどしジャングルへ」とのナレーションから番組が始まる。続けて主題歌にのりながらたたみかけるように、「そこはタイの秘境、ムラブリ族」「地獄のジャングルマン生活」「イノシシ狩りを⁉」との字幕が次々と挿入されていく。この導入部の紹介だけでも、多くの日本人視聴者は、日本での生活とのあまりの違いに驚き、その未知の世界に興味を引きつけられていく効果をもつだろう。

続く本編では、タイ北部の山地に居住するムラブリ族の生活が、芸人レポーターの体験を通して紹介されていく。では、なぜこの番組の取材地としてタイのムラブリ族が選ばれたのだろうか。それはこの芸人が「ジャングルの中、奥で自給自足で暮らしているみたいな」「槍とかで生きているイノシシを刺して、狩るみたいな」生活体験をしてみたいという希望があったためだと紹介される。そうしたジャングルでのイノシシ狩りという希望にぴったりな場所としてムラブリ族が選ばれたというのである。

芸人がジャングルの中で、移動するムラブリ族を探し出す場面も特徴的である。案内人の少数民族モン族の助けを借りてムラブリ族を探そうとするが、容易には見つからない。その際、刃物でいくつかの穴が開けられた竹を発見した案内人は、ムラブリ族が近くにいる証拠だと告げる。なぜなら、「ムラブリ族は虫とかが好き」だからだというのである。ここでは、ムラブリ族が虫を食べて生活しているような民族だとして紹介されているのである。日本人はもちろん、平地のタイ人も、そして同じ少数民族のモン族も食べないような虫を食べているのがムラブリ族だとしてその隔たった差異を強調して表象している。

ようやく森の中でムラブリ族を発見したときも、「ホー、ホー」とかけ声をかけながら彼らに近づいていくが、それは彼らが驚かないようにするためだとして紹介される。まるで、ジャングルに生息している野生動物を人間が探し当てるときのような声かけが強調されている。

その後は、リポーター芸人が初めは言葉も通じずにコミュニケーションも取れない状況にありながら、ともかくも寝起きをともにしていくことで、少しずつ受け入れられ打ち解けていく過程が描かれていく。芸人はともに竹槍を持ってイノシシ狩りにも参加し、穴に潜んでいた野ねずみを捕まえてその場で石に叩きつけて殺し、そのわずかな肉を焼いて分け合いながら食べるという生活が番組で紹介されていく。こうして日本人視聴者はレポーターの体験を通したムラブリ族の表象をなぞって疑似体験し、テレビ番組として消費していくことになるのである。

番組最後での種明かし

最後に芸人が日本に帰るときになって、ある意味どんでん返し的な種明かしがされる。森から出て彼らが向かったのは、開拓された定住の村だったのである。そこでは、木で組まれた丈夫な住居が立ち並んでいるだけでなく、タイ語を教える小学校もあり、人々はふんどしではなくTシャツやズボンを身につけて暮らしていた。村には車でアクセスできるような道路も整備されており、一部ではソーラーシステムの自家発電まで存在しているという。彼らは現在この定住村で生活しているにもかかわらず、日本のテレビ局がジャングルの中での生活を撮影したいとのことだったので、その求めに応じて現在は行っていない、かつての狩猟採集生活を再現してみせたということである。

この番組では、最終的に自ら種明かし的に紹介しているため、「やらせ」とまではいえないが、あたかもジャングルでの生活がムラブリ族の現在であるかのようにミスリードする表象となっているといえるだろう。

「未開」「秘境」「野蛮」として表象されるムラブリ族

これまでも「ウルルン滞在記」に関しては、異文化表象という観点から問題を指摘されたことがある［南 2005］。例えば、あくまで日本人視聴者からみてどれだけ面白く興味を引くかという商品化の視点でのみ番組が構成され、現地の実態や文脈が軽視されるか無視されるという問題である。また、日本人視聴者の関心を引く効果的な番組の商品化のために、実態を軽視してでも日本とはまったく異なるもの珍しい異文化の生活をあえて取り上げ、日本との差異を際立たせるという問題である。そして、日本との差異を強調するために番組で好んで選ばれるのが、「文明国」日本とは対局にあるものとして意図的に選択される「秘境」や「未開」といったキーワードとなるのである。

今回のムラブリ族の表象もまさに、これにあてはまるだろう。特に「つかみ」としての冒頭のナレーションや字幕で、ジャングルで裸で生活する未開人、人が近寄りがたい秘境で、虫などを食べて暮らしているような野蛮な人々といったことを想起させるような表象があまりにも直截な言葉や映像で繰り返されていく。

この日本のテレビ番組における表象を通して、タイ山地のムラブリ族は、特に「未開」「秘境」「野蛮」という「文明的な」日本とは真逆にある異文化として創造/捏造されていってしまうといえるだろう。

3-2　女性誌や旅行誌の中のタイ

次に、日本における女性誌や旅行誌が、同じ東南アジアのタイをどのように表象しているのか、その事例を検討してみよう。

人気の旅行先タイ

特に1990年代以降、東南アジアの中でも当時は政治的に比較的安定していたタイは、日本人が観光に訪れる人気の旅行先となっている。欧米などへの観光旅行と比べると、物価が安いためにより安価な価格で、またより短時間で訪問できることが人気の理由にあげられる。また、台湾や韓国といった他の人気旅行先と比べても、東南アジアのタイは身近な東アジアという地域を越えて、なじみの薄い未知の世界という感覚も強く、よりエキゾチックな文化に触れる旅行先として人気を呼んでいるともいえる。つまり、日本人の旅行先としてのタイの魅力は、背景にある経済的格差による物価の差異からくる魅力と、あわせて、日本とは大きく異なる文化や自然環境からくる魅力という二つの差異に支えられていると考えられるだろう。

女性誌や旅行誌における「楽園」という表象

では、このように人気がある観光地としてのタイを、日本の女性誌や旅行誌はどのように表象しているのだろうか。いくつかの事例をみてみよう。

まず最初の事例（**図7-2**）は、主に日本の女性を読者に想定している旅行誌の表紙である。タイ旅行に焦点を当てた特集のタイトルとして「楽園タイへの招待状」という言葉が大きく印刷されており、バンコクのチャオプラヤー川にライトアップされて浮かぶ寺院ワット・アルンの写真が表紙を飾っている。そこに写されている寺院は、日本とはまったく形状が異なる尖塔形をした石の建造物であり、ライトで川面に反射して輝く寺院を望む対岸のテラス席もタイ特有の三角枕を強調して写し込むことで、異国情緒に満ちた旅行先の魅力を訴えかけているといえるだろう。ここでは、そうした旅行先のタイを「楽園」というキーワードで表象しているのである。

次は、別の旅行誌の中でタイ南部のビーチリゾート地クラビ周辺を紹介している事例である。南国のココヤシの木や自然に囲まれたリゾートホテルのプールの写真に付されているキャッチコピーは「知られざる秘境のパラダイス『クラビ&ランタ』に行こう」である。ここでも表象のキーワードは「パラダイス」つまり「楽園」である。しかもここでは,「秘境の」という形容詞があわせて付されている。

最後の事例（**図7-3**）は、旅行誌でタイの高級リゾートホテルを紹介している事例である。キャッチコピーは「エキゾチックなチェンマイの楽園」となっている。日本人読者に対して、日本とは異なる異国情緒に満ちた「楽園」として表象し、旅行先としての魅力を訴えかけようとしている。特にここで紹介されているチェンマイは、先の「ウルルン滞在記」

図7-2　「楽園タイへの招待状」
（出典：『CREA Due Traveller 楽園タイへの招待状』文藝春秋, 2004年, 表紙）

図7-3　「チェンマイの楽園」
（出典：『CECSA』Vol.2, ／現ハースト婦人画報社, 1999年, p.25）

で取り上げられた同じタイ北部に位置している。写真でリゾートホテルのプールの背景に写されている森林は、ムラブリ族が居住している地域と距離的にも遠くなく、似たような景観をみせているのである。

上記の三つの事例では、奇しくも「楽園」「パラダイス」といった同じ言葉で観光地としてのタイを表象している。これ以外にも旅行先としてのタイを取り上げる女性誌や旅行誌を紐解いてみると、「楽園」「パラダイス」というキャッチコピーが至るところにあふれていることにすぐ気づくだろう。ここではタイを「楽園」として表象し、その記号を観光業や雑誌などのメディアにおいて商品化して消費させようという演出がみてとれるのである。

4 日本のメディアにおける東南アジアへのまなざし

4-1 表象における相違点と共通点

本章で紹介してきた「ウルルン滞在記」というテレビ番組での表象と、女性誌や旅行誌という雑誌での表象に関して、私たちは日常何気なく見過ごし、その時々に東南アジアのタイとはそういうものだと素直に受け入れてしまっているかもしれない。しかしここでいったん立ち止まり、当たり前として受け入れてしまいかねない二つの**表象**を比較して改めて考えてみよう。

ここではテレビ番組と女性誌、旅行誌での表象が双方ともに、日本がタイという**異文化**を対象として表象している点において共通している。が、そうしたメディアにおける表象のされ方を詳しくみてみると、ある相違点に行きあたることになる。つまり、「ウルルン滞在記」においては「未開」「秘境」「野蛮」を強調して表象していたのに対して、女性誌や旅行誌では「楽園」「パラダイス」という言葉がキャッチコピーとして繰り返されていた。特に「未開」や「野蛮」が強調されたムラブリ族居住地に近い北タイの森林田園型リゾートが、逆に「楽園」として描かれていたのである。

同じ日本で同じタイを対象として表象しているにもかかわらず、一方では「未開」「秘境」「野蛮」というマイナスのイメージで表象され、他方では「楽園」「パラダイス」というプラスのイメージで表象されており、そのベクトルは全く逆の方向を向いているかのようにみえる。この一見すると真逆にみえる表象のあり方をどのように考えればよいのだろうか。

さらに詳しく表象のされ方に注目してみよう。旅行誌でビーチリゾートを取り上げた二つ目の事例では、その魅力を「知られざる秘境のパラダイス」として紹介している。そこでは、一見かけ離れているかにみえる「秘境」と「楽園（パラダイス）」という表象が、対立する真逆のものとは限らないということに気づくだろう。つまり、女性誌や旅行誌で強調される「楽園」とは、裏を返せば手つかずの自然が残されている「秘境」や「未開」を逆手に取って、旅行先の魅力として演出し、商品化している記号にすぎないと考えられるだろう。

であるとすれば、**東南アジア**のタイという**異文化**へのまなざしにおいて、「楽園」と表象する雑誌と「秘境」「未開」などとするテレビ番組の表象には双方ともに、同じ論理構成が働いているといえるのではないだろうか。そこで次には、双方ともに共通する論理構成、異文化へのまなざしについて考えてみたい。

4-2　東南アジアへのまなざし——その問題の背景

本章で紹介した東南アジアのタイに対するテレビ番組におけるまなざしと、女性誌や旅行誌におけるまなざしには、共通する論理構成、背景の問題が横たわっている。共通する論理構成、背景の問題として、異文化へのまなざしに関連する二つの問題を指摘することができるだろう。

自文化中心主義、自民族中心主義

その第1は、**自文化中心主義**というまなざしである。あるいは**自民族中心主義**（エスノセントリズム）と言い換えることもできる。自文化中心主義や自民族中心主義という異文化へのまなざしは、自分たちの文化的、民族的フィルターや視点を通してのみ他者の異文化をみる視点である。結果として、このまなざしが、自分たち自身の文化的、民族的な概念体系や価値、基準などを他者の異文化にも押しつけてしまうという問題を引き起こすことなりかねない。

ここでは、日本人視聴者や読者にとってどれだけ興味関心を引くかという自文化中心主義的な視点や論理構成が優先され、現地の実態を軽視して日本との差異を強調する「未開」「秘境」「野蛮」と表象するか、また、効果的に日本人観光客に魅力をアピールする論理が先に立ち、商品としての「楽園」という記号が演出され、生みだされていくのである。

オリエンタリズム

共通する第2の問題は、**オリエンタリズム**というまなざしである。オリエンタリズムとはエドワード・サイードがその名の著書『オリエンタリズム』の中で**異文化**をまなざす視線として概念化した言葉である［サイード 1986］。特にオリエント（東洋）を支配し、再構成し、威圧するための西洋側の思考様式や視線だとして問題を指摘している。具体的には、植民地時代の「旧宗主国」対「旧植民地」、独立後には「先進諸国」対「発展途上国」などといった政治的、経済的に不均衡で非対称的な二者関係において、前者による後者への優越意識や偏見、およびその発現としてのさまざまな表象や言説などを指すのが、オリエンタリズムだとされる。オリエンタリズムをあえてよりわかりやすく言い換えるとすれば、発展を遂げたとする西洋側から東洋側への優越意識に基づく上から目線のまなざしということもできるだろうか。

ここでは、日本も先進諸国の一員として自認し、他のアジア諸国を発展途上国と位置づけることで、東南アジアのタイなどに対する優越意識の上から目線で表象を生みだしていくと考えられるのである。だからこそ、辺境の山地に居住するムラブリ族に対して、現地の実態を無視して、その未開性や野蛮性を特に強調する表象がなされるのである。また、だからこそ他方では、安価で魅力的な旅行先として売り込むための「楽園」という記号のキャッチコピーを一方的に付し、本来はそこに存在するはずの経済的な格差・非対称性から目をそらさせ、糊塗（ことと）する表象が容易に生みだされていくのであろう。

まなざしにおける共通する問題

つまり別な言い方をすれば、テレビ番組におけるタイへのまなざしと、雑誌におけるタイへのまなざしには、日本がタイへの優越意識に基づいて（**オリエンタリズム**）、不均衡・非対称的な政治的経済的関係を背景に、日本の基準や視点のみによって（**自文化中心主義**、**自民族中心主義**）、現地の実態を軽視し、日本人の関心を引くことを第一として一方的に表象し、また、**メディア**や観光の商品化における都合のよい記号として消費していくという共通の問題が横たわっていると考えられるのである。

5　おわりに

本章では、日本が**東南アジア**のタイという**異文化**を、主にテレビ番組や雑誌などのマスメディアにおいてどのように表象しまた消費しているのか、具体的な事例をもとに検討してきた。

そこでは、「未開」「秘境」「野蛮」というマイナスのイメージでの表象と、「楽園」というプラスのイメージの表象という全く逆の意味づけがなされているかのようにみえたが、その背後には双方に共通する異文化へのまなざしの問題が横たわっていた。それは自文化中心主義、自民族中心主義あるいはオリエンタリズムという異文化へのまなざしに関連する問題であった。

本章の最初でも確認したように、異文化の**表象**は、やはり中心や上からという政治的、経済的な問題、特に権力の問題と切っても切り離せない問題ということが改めて確認されたのではないだろうか。また、**消費**に関して、特に表象の消費においては、モノの消費よりも一層記号としての意味合いが強くなり、容易にイメージやレッテルが創造／捏造されやすく商品化と結び付けられていくことも示唆されたといえるだろう。

であるとすれば、この議論の延長線上には、近代以降において果たして誰に文化を語り、表象する権利があるのだろうかという大きな問いへと導かれることになるだろう［太田 2001］。この問いはあまりにも壮大で、すぐには十分に検討できない残された課題である。

最後に本章で確認しておきたいのは、次の二点である。まず、**異文化の表象**というものが、時に都合良く商品化と結びつけられるなど、常に政治的な権力関係の中でその時々で生みだされ、**構築**されていくものであるということである。そして、私たちは**メディア**の表象によって日々生みだされていく意味のコミュニケーションの中で〈いま－このとき〉を生きている存在だということも忘れ去ってはならないだろう。

参考文献

［1］飯田卓・原知章編，2005『電子メディアを飼いならす――異文化を橋渡すフィールド研究の視座』せりか書房．
［2］太田好信，2001『民族誌的近代への介入――文化を語る権利は誰にあるのか』人文書院．
［3］サイード，E.W.，1993『オリエンタリズム〈上〉〈下〉』今沢紀子訳，平凡社（原著：1978）．
［4］白川千尋，2014『テレビが映した「異文化」――メラネシアの人々の取り上げられ方』風響社．
［5］ボードリヤール，J.，2015『消費社会の神話と構造（新装版）』今村仁司・塚原史訳，紀伊國屋書店（原著：1970）．
［6］南真木人，2005「海外情報型クイズ番組と人類学――『世界ウルルン滞在記』を事例として」飯田卓・原知章編『電子メディアを飼いならす――異文化を橋渡すフィールド研究の視座』せりか書房，pp. 54-66.

第8章

イスラームにおける聖なるものの表象
預言者・聖者の描写について

阿部　克彦

2015年1月に起きたパリの新聞社シャルリー・エブドの襲撃事件は、イスラームの預言者ムハンマドの姿を風刺画に使ったことが理由であったとされる。報道等では、厳格な一神教であるイスラームは偶像崇拝を禁止しているため、預言者ムハンマドの姿を描く行為も禁止されていると説明された。ところが、イスラームの教えのどこにもこの説明を明確に裏付ける記述はなく、例えばイランでは、預言者ムハンマドやシーア派指導者の肖像画の伝統が生みだされた。本章では、歴史のなかでイスラームが、預言者をはじめとする信仰上聖なるものの表現に対してどのように向き合い、また造形芸術に対応してきたのかを、実際の芸術作品をみながら考えてみよう。

1　イスラームが禁じる偶像崇拝について

イスラームでは**偶像崇拝**の禁止をどのように規定しているのだろうか。

まず、イスラームは、ユダヤ教とキリスト教に連なる一神教に属し、唯一神であるアッラー（アラビア語で「神」を指す）以外に神はなしと説く。また、神の姿を被造物である人間が描いたりかたちづくったりすることは許されないとされる。よって、人の手でつくられた偶像を崇拝することを禁じているのである。

では、イスラームの聖典である**コーラン**（**クルアーン**）のいう偶像とは何を指すのかをみてみよう。

1-1　偶像に関するコーラン（クルアーン）の記述

預言者ムハンマドが神（アッラー）から受けた啓示をまとめた聖典コーラン（クルアーン）には、偶像を意味することばがいくつか用いられるが、それらが具体的にどのようなものを指しているのかについては必ずしも統一されてはない。まずはコーランに登場する偶像に関連する記述をみてみよう。

「これ、汝ら、信徒の者よ、酒と賭矢と偶像神と占矢とは、いずれも厭うべきこと、シャイターンの業。心して避けよ。さすれば汝ら運がよくなろう。シャイターンの狙いは酒や賭矢などで汝らの間に敵意と憎悪を煽り立て、アッラーを忘れさせ、礼拝を怠るようしむけるところにある。汝らきっぱりとやめられぬか。」（コーラン　第5章「食卓」第92～93節：井筒俊彦訳『コーラン』岩波文庫より引用）

このコーランの記述に登場する偶像神とは、神として崇拝の対象となる像を指している。偶像は、酒や当時盛んに行われていた矢を使った占いや賭けとならんで、いずれもシャイターン、つまり悪魔が用いる誘惑の道具であるというわけである。

コーランにはまた、影像と訳される偶像も登場する。

「……、精霊どもの中からも、主の御命を帯して彼（ソロモン）の御前に仕える者があった。（中略）みな彼の言うことをきいて、せっせと働き、大広間だの影像だの、水槽のような大皿だの、がっしり動かぬ大鍋だのと、いろいろなもの造っていた。」（コーラン　第34章「サバア」第11～12節：同上より引用）

この章句に登場する偶像（影像）とは、あくまで調度品の一部であり、この場合、皿や鍋などと同等のものとして述べられていて、信仰の対象としての偶像を指すものではない。また、コーランの他の章句には、偶像がいかに価値のないものであるかを証明する話として、人々が神として祀っている偶像はしゃべることもできないものであるという逸話も登場する。

1-2　イスラーム以前の信仰と偶像

では、コーランの言う偶像とは、具体的にはどのような姿かたちをしていたのだろうか。ここでは、イスラームが成立する以前のアラビア半島の信仰の様子をみていきたい。イスラームでは、ジャーヒリーヤ（無明の時代）とよぶこの時代のアラビア半島は、自然神や精霊、祖霊などを信仰する、いわゆる多神教の世界であった。

私たちは偶像というと、すぐに神像や仏像といった人の姿を模して木や金属、石などでつくられた彫像もしくは画像をイメージするだろう。コーランに述べられている偶像を意味するアラビア語の語句はいくつかある。人の姿に似せたものを意味すると考えらえる語句の場合は、石に彫られた、もしくは青銅などの金属でかたちづくられた彫像を指すであろう。なかには、交易によってアラビア半島の周辺地域から持ち込まれた神像なども含まれていたと考えられる。コーランにはまた、「立てられたもの」を語源とする語句も用いられている。垂直に立てられた岩や石に神や精霊が宿ると信じられ、犠牲として捧げられたヤギや羊などの血をその上に注ぐという儀礼の場であったと考えられている。こうした岩は、のちにイスラームの聖地となったメッカ（マッカ）の中心にあった立法形のカーバ神殿の周囲に立ち並んでいたという。

1-3 イスラームの成立と偶像崇拝のおわり

610年頃、ムハンマドがアラビア半島の交易都市メッカ（マッカ）で布教を始めたとき、カーバ神殿に置かれていた多くの神像や岩は、アラビア半島各地の部族の信仰の対象となっていた。

布教後にメッカで迫害を受けたムハンマドは、622年弟子たちとともにメディナ（マディーナ、当時はヤスリブという名）に移住した。メッカを支配する勢力と数度の戦いの後、ついに630年にメッカ征服を果たした。そのときムハンマドは、カーバ神殿にまつられていた偶像をすべて打ち壊し、ここをアッラーの館であると宣言した。そして、唯一神アッラー以外の何ものも信仰の対象とすることを厳しく戒めたのである。これ以降、アラビア半島に存在した偶像や神像、聖なるものとして祀られていた岩などはすべて破壊された。

このような、聖典コーランの記述と預言者ムハンマドの行動からみえるのは、神の被造物である人間の手でつくられた偶像や物質的な存在には聖なる価値を認めないという、イスラームの原則と強い意志が貫かれていることである。

2 イスラームの造形芸術に対する姿勢

ここでは、初期のイスラームが、その拡大にともなって、周囲の先進的で豊かな文化を吸収しながら、造形芸術に対してどのような姿勢で対処していったかをみていくとともに、イスラームの原則を守りながら、聖なるものの表現と向かい合った様子をみていこう。

2-1　イスラームの拡大と異文化との接触

こうしてメッカ征服を成し遂げ、アラビア半島の諸部族をイスラームの信仰のもとに一つの共同体（ウンマ）にまとめた預言者ムハンマドは、ほどなくして体調を崩し、632年に家族や弟子たちに見守られながら没する。このイスラーム共同体（ウンマ）を引き継ぎ、信徒の長となったのがカリフ（ハリーファ、代理人・後継者の意）である。ムハンマドの布教開始当初からの理解者、支援者であった者の中から、合議によって選出され指導者となったカリフは、強力なアラブ人による軍隊を組織して、征服活動を開始した。まず標的となったのは、アラビア半島の北部、地中海に面するパレスチナやシリア、そして北アフリカのエジプトであった。そこは、当時キリスト教を国教とするビザンツ帝国の支配する地で、古代から豊かな文化、芸術が栄える文化先進地でもあった。またほぼ同時に、古代から連綿と文明の栄えたメソポタミアからイラン高原、アフガニスタンに至る広大な領域を支配していたササン朝ペルシア帝国を滅ぼした。この征服地の拡大によって、新たな支配者となったアラブの指導者たちは、大きな富を獲得しただけでなく、造形芸術の面で圧倒的に洗練された文化圏と接触をもつようになったのである。

2-2　初期のモスク建築とムハンマドの家

イスラーム教徒が礼拝を行う場である**モスク（マスジッド）**や、関連する宗教施設には、アッラーの姿はもちろんのこと、人間や動物を表した絵画や彫像などの装飾はみられない。この方針は、イスラームの初期から今日に至るまで一貫して守られている。

モスク（マスジッド）とは、信徒が礼拝を行う場を意味し、その原点は、メディナ（マディーナ）にあった預言者ムハンマドの住居であったとされている。その家は、日干しレンガを用いた塀が四角形の敷地を囲み、中庭の周囲にいくつか寝室が配置されただけの簡素なつくりであったと伝えられている。ムハンマドは、ここで家族と暮らしていたが、弟子たちは、ムハンマドとともに集団で礼拝を行い、説教をきくために集まった。また、ムハンマドはここで人々の争いごとを仲裁し、時には戦争の指揮をとった。このように、ムハンマドの家とは、共同体の中心的な施設となっていたのである。

これらの機能と特徴は、その後のモスク建築にも引き継がれた。各地に設けられた初期のモスクも、集団で礼拝を行うことができる広さの敷地を壁で囲うだけのものであって、装飾的な要素はなかったと考えられている。

もともとアラビア半島の住人は、詩の朗誦による口承文学を重んじ、みずから積極的に造形を生み出す伝統がなかった。交易によって外から装飾品などの多くを手に入れていたため、建築の外観や室内を装飾する洗練された技法も大きく発達しなかったと考えられる。コーランには、絵画などの造形芸術に関する記述はほとんど登場しないのも、このような背景があるのであろう。

2-3 ハディース（伝承）――預言者ムハンマドの言行録

イスラームにおいて、絵画などの造形芸術に関する姿勢が明確に記述されるのは、8世紀後半から9世紀にかけてまとめられた**ハディース**（伝承、ムハンマドの言行録）の編纂まで待たなければならない。ハディースは、今日まで聖典コーランとともにイスラーム教徒にとって信仰の指針とされてきた。コーランが神から直接人間に対して示されたことばであるのに対して、預言者ムハンマドが生前に家族や弟子、近しい周囲の人間に対して言ったこと、行ったとされることをまとめたものである。多くの著者によって編纂されたものが伝えられているが、このなかには、偶像崇拝だけでなく、人物の画像や人の姿を描く行為や、画像、画家に関する記述もみられる。

ここでは、代表的なブハーリーが編纂したハディースの記述を紹介する。

弟子の一人、アブー・タルハが伝えた伝承には、「預言者は、天使は犬のいる家にも、絵のある家にも入らないであろうと言った」とあり、ムハンマドの妻アーイシャが伝えることによると、「わたしが絵のあるクッションを買ったとき、預言者は家に入らず戸口に立っていました。そこでわたしが『何か過ちを犯したのでしょうか』と言った。（中略）すると預言者は『この絵を描いた者は、復活の日に罰を受け「お前の描いたものに命を与えてみよ」と命じられるであろう。天使は絵のある家には入らない。』と言った」とある（ブハーリー, 1993『ハディース――イスラーム伝承集成』中巻，牧野信也訳，中央公論社，p.925より引用）。また、同じくアーイシャが、エチオピアに渡航した信徒たちが見て来たキリスト教会と、その中に描かれた壁画について語ったことを預言者に伝えると、彼らは最後の審判の日にアッラーから恐ろしい罰を受けるだろうと述べたということである。

2-4　ハディースにみられる造形表現への警戒

これらのハディースの記述からみえるのは、いずれも絵画、もしくは具象的な造形表現に対する大いなる警戒心であろう。イスラームが成立して間もない時期には、それまでの呪術的な信仰や精霊や悪霊の存在が広く信じられていた。たとえ信仰の場とは関係のないクッションやカーテンなどであっても、そこに人や動物などの生き物の姿が画かれていると、そうした精霊などが宿る媒体となることを恐れたのではないだろうか。また、イスラームの信徒が、それらの画像に宿った悪霊に惑わされ、偶像崇拝という誤った信仰へと誘惑されてしまうことを危惧し、警鐘を鳴らしたのだと考えられる。

8世紀末から9世紀初めにかけて編纂されたハディースは、その記述の真偽よりも、その後、イスラーム世界の人々がハディースに書かれた預言者の言行を参考とし、造形に頼らないかたちの信仰の表現方法を選択したという点で重要なのである。

これらのハディースが生まれた背景には、イスラーム世界の拡大によって、征服地におけるキリスト教文化やペルシアの文化を積極的に吸収しながらも、イスラーム独自の新たな文化を構築する必要性が生まれたことがあった。

3　イスラームにおける宗教美術とは

ここまでみてきたように、イスラーム成立から初期の時期は、それまでの多神教の否定と、**聖なるものの造形表現**、とりわけ画像化に対する警戒から、他の宗教美術にみられるような、聖なるものの具象的表現が発達しなかった。では、イスラームにおける宗教美術とはどのようなものなのだろうか。聖なるものをどのように造形として表現していったのかを見ていこう。

3-1　具象表現の否定

私たちは宗教美術といえば、何を思い描くだろうか。例えば、キリスト教美術といえば、教会内におかれたイエスや聖母マリアの像、またイエスやその使徒たちの行伝を表した絵画やステンドグラスなどであろうか。仏教美術では、寺院内に安置された仏像や、ブッダの物語を描いた絵画などを思い起こす人もいるだろう。しかし、イスラーム教徒が礼拝を行うモスクには、このような神や聖なるものの存在を具象的に表現する装飾や美術作品はどこにもみられないし、歴史上も例がないといってもいい。

ここからわかるのは、イスラーム世界の美術のなかで、宗教的な美術表現、なかでもキリスト教美術にみられるような宗教的図像が大きく発達することはなかったということである。言い換えると、他の宗教美術にみられるような信仰や宗教の世界を視覚的に表現することを選ばなかった。神の姿を描くことはもちろん、絵画などを使ってイスラームの教義を信徒たちに、具象的なかたちで説明することを重視しなかったのである。

3-2 ことばによる表現の伝統

では、イスラームにおける宗教美術とはどのようなものなのだろうか。

イスラームにおける聖なるものの視覚表現は、具象的なかたちでなく、抽象的なかたち、つまり文字という方法で行われた。コーランは、アラビア語によって伝えられた神のことばであるとするイスラームでは、コーランの章句をアラビア文字でいかに美しく表現するかという書の芸術が生み出された。そのために、数多くの書体が生み出され、のちに芸術の一分野として発達した。

イスラーム世界で書が芸術として確立し、発展を遂げた歴史をみると、聖なるものをことばで表現しようとしたイスラーム世界における宗教的表現の独自の伝統と切り離すことはできない。古来アラビア半島では、口伝による詩歌の朗誦を尊ぶ伝統をもっており、聖典コーランの章句も詩歌の形式で記され、本来は読誦されるべきものとされている。この、視覚よりも耳に訴える聴覚を重視するイスラームの伝統について大塚和夫氏は、「このような音もしくは声に重きを置く姿勢は、イスラームが成立したアラビア半島における口承詩歌の伝統と密接に関係していると思われる」と述べている［大塚 2000：129］。

3-3 ウマイヤ朝の建築装飾

前述のように、初期にはきわめて簡素なつくりであったモスクも、次第に新たなイスラーム国家にふさわしいより大きく、より美しい建築へと変化していった。その造形や装飾とはどのようなものであったのだろうか。具体的な例をみていこう。

ウマイヤ・モスクは、ウマイヤ朝時代（661～750）の706年から建設が開始された、ダマスクスに現存するイスラーム最古のモスクである。その壁面には、ビザンツ帝国に仕えたキリスト教徒やユダヤ教徒の職人の手によると考えられるモザイク壁画が施されている。金色の背景に大きな樹木や川、古代ローマ風の都市の様子が描かれているものの、通常ビザンツ教会のモザイク壁画では主役となるイエス・キリスト像や使徒たちを描いた人物像、その背景として描かれる風景の中の動物などは見あたらない。モスクがイスラーム教徒の礼拝に使用される建築であるため、キリスト教美術で発達した装飾技法を用いながらも、その装飾から人物や動物の描写を意図的に排除しているのである（**図8-1**）。

図8-1　ダマスクスのウマイヤ・モスク（シリア）
（出典：ぐるりワールド旅と鉄道）

その一方で、同じウマイヤ朝のもとで建設された宮殿施設の浴場の壁面には、ウマイヤ朝のカリフの肖像だけでなく、諸国の王や、古代ギリシア・ローマ美術を起源とする裸婦像や狩猟図なども描かれている（**図8-2**）。これらの壁画を手がけたのも、おそらくこの地域のキリスト教徒やユダヤ教徒の画家や職人たちであったであろう。ここは浴場という施設の性格上きわめてプライベートな空間であるが、カリフが客人をもてなす遊興の場として建てられたと考えられている。

ところが、ほぼ同時期に建設されたカリフの公的な行事に使用される宮殿の外壁を飾る浮彫り装飾をみると、そこには植物文様に混じって鳥や古代ギリシア起源の想像上の動物グリフィンや、半人半獣のケンタウロスの像などが彫刻されて

図8-2　クサイルアムラの浴場壁画（ヨルダン）

図8-3　ムシャッタのレリーフ彫刻（ベルリン・イスラーム美術館）

いる（**図8-3**）。しかし、礼拝を行うモスクとして使用された一室の外壁にあたる部分には、ぶどうのつる草文様のみが描かれ、一切の動物文様が排除されている。これは、ウマイヤ朝の支配者たちが、たとえ世俗的な性格をもった建築であっても、宗教的な目的に使用される部屋の装飾に特別な配慮を命じていたことを示している。

　このような宗教と世俗を明確に区別する姿勢は、偶像崇拝を禁止するイスラームの教義から発生しているものの、信仰に直接ふれない分野では、人や動物などの具象表現には寛容であったことが認められる。時にイスラームでは神の姿だけでなく、人間や動物などの生物表現も禁じているという誤った説明がなされることもあるが、実際には、このように人間や動物の姿をかたどった造形は多く生み出されているのである。

3-4　ウマイヤ朝の貨幣デザイン

急速に拡大したウマイヤ朝の支配地では、征服からしばらくはビザンツ帝国の金貨やササン朝の銀貨がそのまま流通していた。貨幣が足りなくなると、ビザンツ皇帝の肖像をカリフ像に置き換えただけのデザインの貨幣も追加されたが、7世紀末になると、「アッラー以外に神はなし」というイスラームの信仰告白の文言と聖典コーランの章句がアラビア語で表記された貨幣デザインに一新された。人物像や他の造形をすべて削除し、イスラームの信仰そのものを文字によって象徴したこのデザインは、その後続く多くのイスラーム王朝の貨幣のモデルとなった。

ウマイヤ朝の支配者たちは、新たなイスラーム国家の貨幣デザインに、それまで使われていた具象的な造形を排除し、信仰告白とコーランの章句のみをアラビア文字で記した。これはあきらかに、新興のイスラーム国家としての、キリスト教世界に対する宗教的かつ政治的なアピールのシンボルとして意図されたことを意味している。

3-5　アッバース朝の写本芸術の発展

ウマイヤ朝のもとでは、征服各地の多様で先進的な文化を取り込みながら新しいイスラーム文化の形成が試みられたが、次のアッバース朝（750～1258）のもとで、本当の意味で独自のイスラーム文化が確立された。新政権は、ササン朝の文化の影響を色濃く残すメソポタミアの地に新しい都バグダードを建設することで政治の中心を、古代ギリシア・ローマ、次いでキリスト教文化の強い影響を受けたシリアから東方に移した。バグダードは、古代ギリシア起源の学問と、イランや東方の文化が融合した、新たなイスラーム文明の中心地として繁栄した。当時のバグダードの繁栄を物語る遺構はわずかしか残されていないため、私たちは文献に記録されたものから想像するほかない。バグダードでは、ギリシア起源の医学書や科学書などが次々とアラビア語に翻訳され、それまでの羊皮紙に代わって紙の製法が中国から伝わると、**写本芸術**が大きく発展した。それにともなって、写本の挿絵としての絵画も発達し、やがて文学作品にも人物や動物が登場する色鮮やかな挿絵が描かれるようになった。

4　預言者ムハンマドの図像化

写本芸術が発展していく過程で、その後イランから中央アジアを拠点としたモンゴルやトルコ系などが主体の、新たにイスラームを受け入れた王朝のもとで、預言者ムハンマドの姿を描いた図像が現れた。

4-1　最初のムハンマド図像

1258年モンゴル軍によるバグダード陥落によってアッバース朝が滅亡すると、イランを中心に成立したイルハーン朝のもとで、中国絵画の影響を受けた写本絵画（写本挿絵）が発達した。ガザンハーンの命によって、宰相ラシード・アッディーンが制作した『集史』の写本には、預言者ムハンマドの生涯のさまざまなエピソードを描いた挿絵が登場する。横長の画面に線描を主体にした、色調を抑えた描法が用いられているのは中国絵画からの影響であると考えられる。ところが、預言者ムハンマドの誕生の場面を描いた場面では、人物の配置や構図から、キリスト教図像にみられるイエスの生誕図像をモデルとしたことがわかる（**図8-4**）。この『集史』写本に描かれた預言者の図像は東西文化の融合によってイランで生まれ、イスラーム絵画の中では例外的なものといえるが、これ以後もたびたびイランの写本絵画の中に登場する。

図8-4　預言者ムハンマドの誕生
（出典：ラシード・アッディーン『集史』写本挿絵 1314～15年
エディンバラ大学図書館蔵〔ブルーム, 2001, p.202図版104〕）

4-2　預言者ムハンマドの「夜の旅」図像

イルハーン朝に代わり中央アジアからイラン方面を支配したティムール朝のもとで写本芸術は大きく花開いた。この王朝の支配者層のために制作された写本には、預言者ムハンマドがある夜、天使に導かれ夜空を飛行し、その後天国と地獄を訪問し、モーセやイエスなどの預言者に会ったあと、最後にアッラーに拝謁するという昇天伝承が図像化されている。

このときの「夜の旅」のようすは、コーランの一節に次のように描写されている。

「ああ なんと勿体なくも有難いことか、（アッラー）はその僕（ムハンマド）を連れて夜（空）を逝き、聖なる礼拝堂（メッカの神殿）から、かの、我ら（アッラー）にあたりを浄められた遠隔の礼拝堂（イェルサレムの神殿）まで旅して、我らの神兆を目のあたり拝ませようとし給うた。まことに耳早く、全てを見透し給う御神。」（コーラン　第17章「夜の旅」第1節：前述）

この預言者ムハンマドの神秘的な「夜の旅」図像は、イスラームの神秘主義思想に影響を受けた文学作品の写本にも好んで用いられた。16世紀初め建国されたイランのサファヴィー朝のもとで1540年頃に制作された写本の1枚には、ベールで顔を覆われた預言者ムハンマドが周囲を天使に囲まれて夜空を飛翔する姿が描かれている（**図8-5**）。この「夜の旅」図像は、シーア派を採用したサファヴィー朝以降も文学作品のみならず、シーア派イマーム（指導者）の肖像画や神秘主義教団の聖者像などとともにイランの民衆の生活空間に浸透していった。

図8-5　預言者ムハンマドの「夜の旅」
（出典：ニザーミー『ハムサ』写本挿絵，1540年頃，ロンドン大英図書館蔵〔ブルーム，2001，p.343図版182〕）

4-3　イランのイマーム図像

イスラームのシーア派は、預言者ムハンマドの血筋を受け継ぐ一族を重要視するが、第5代カリフであり、初代

図8-6　アルダビールのホセイニーイェ内部（イラン）

イマーム（指導者）とされる預言者の娘婿でいとこでもあるアリーの姿もイランで図像化された。18世紀ガージャール朝期に入ると、アリーとその一族のイマームの図像は大きく発展する。また、その利用も広がりをみせ、アリーの息子フサインが殉教した様子を演劇の形式で民衆に見せたり、パルデという大きな布に絵画として描かれたりした。

また、フサインの殉教をしのんで執り行われるアーシューラーの行事に使用される、タアズィーイェという殉教劇を行うタキーイェやホセイニーイェなどとよばれる施設も多く建てられた。なかには、まるで祭壇のように多くの画像が置かれているものもある（**図8-6**）。

図8-7　イマーム・アリー像
（1999年イランにて筆者購入）

現代のイランで多く目にするこのアリーの肖像画（**図8-7**）は、バーザールなどの公共の場から、一般商店や個人宅、バスやタクシーなどにも掲げられており、なかには携帯用として小型の写真までもが売られている。これらのシーア派イマーム像に加えて、筆者が1998年にイランにて目にしたのが、少年期の預言者ムハンマドの肖像とされる画像である。さまざまな宗教的画像やグッズを売るバーザール内の店舗で販売されていたが、イマーム像などと様式が異なり、ヨーロッパ絵画の肖像画を思わせるものであった。

4-4　イランにおける宗教画の発展

このようなイランにおける宗教的な絵画の発展は、サファヴィー朝からガージャール朝にかけて導入されたヨーロッパ絵画の技法が大きく影響している。それまでの絵画は、宮殿などの壁面を装飾する壁画、もしくは写本に描かれた挿絵としての絵画が主流であったが、次第に単独に鑑賞するための1枚の絵画作品が多く制作されるようになり、そこには宮廷に暮らす人物や時には王の肖像画も描かれた。キャンバス地に油彩を用いて描くヨーロッパ絵画も流行し、陰影を用いたより写実的な肖像画も発達した。そして、それまで所有者の個人的な観賞用であった写本絵画から、より公的な空間に宗教的な画題の絵画が登場するようになった。そのような背景から、聖者像、そして前述のアリーやシーア派のイマームの肖像画が、ひろく民衆のなかにも流布していくことになったのである。

このように、預言者ムハンマドの姿が初めて画像化された地域がイランであり、しかもシーア派の宗教画像がその後発達したことから、時にイランの特殊性が論じられることがある。シーア派人口の多いイランでは、前述のように画像化されたシーア派のイマーム像が受容されたこともあり、スンナ派が多数のイスラーム世界のなかでは異色の文化圏を形成しているといえよう。ところが、イランは16世紀初頭にサファヴィー朝が成立するまではスンナ派が主流であったし、今のようにアリーやフサインの肖像画が広く人々の生活のなかに受け入れられたのは19世紀以降のことである。また、近代以降のイスラーム復興運動のひろがりにともなって、特にアラブ世界で近代以前のイスラームにみられた神秘主義的な信仰のあり方やスーフィー教団の聖者信仰などが否定されてくると、イランの特異性がより際立った形で浮かび上がってきたという側面が強い。イランでは今日でも、預言者ムハンマドの生涯を実写（ただし、顔は撮影しないかたちで）で描いた映画が製作公開されるなど、聖なるものの表現において、多くのイスラーム諸国とは一線を画す宗教画像の伝統を生み出しているといえよう。

5 おわりに

ここまでみてきたように、イスラームにおいて、聖なるものをどのように表現するのかについては、地域や時代によって多くの異なった解釈があり、それにともなってさまざまな造形が生み出された。偶像崇拝を厳しく戒めた預言者ムハンマドの意思は長い歴史のなかでも忠実に受け継がれ、神の姿を描くことの否定は時代、地域に関係なく厳然として守られてきた。しかし、預言者ムハンマドをはじめとする信仰上重要とされる人物の姿を描くことに対する姿勢は、時代や地域によって異なり、例えばイランではシーア派イマームの肖像画はひろく人々に受け入れられてきた。私たちは、イスラーム世界の長い歴史のなかで生み出された芸術作品を通して、イスラーム世界における統一性と文化の多様性をあわせて理解していくことができるのである。

参考文献

[1] 大塚和夫，2000『近代・イスラームの人類学』東京大学出版会．

[2] 岡田恵美子他編，2004『イランを知るための65章』明石書店．

[3] 私市正年，1996『イスラム聖者——奇跡・予言・癒しの世界』講談社現代新書．

[4] 小林一枝，2004『アラビアン・ナイトの国の美術史——イスラーム美術入門』八坂書房．

[5] ブルーム，J.・ブレア，S.，2001『岩波世界の美術 イスラーム美術』桝屋友子訳，岩波書店（原著：1997）．

[6] 桝屋友子，2009『すぐわかるイスラームの美術——建築・写本芸術・工芸』東京美術．

[7] ——，2014『イスラームの写本絵画』名古屋大学出版会．

[8] 森本一夫，2010『聖なる家族——ムハンマド一族　イスラームを知る4』山川出版社．

[9] Canby, S. R., 1993, *Persian Painting*, British Museum Press.

[10] Grabar, O., 1973, 1986, *The Formation of Islamic Art*, Yale University.

第9章

メディアにおける犯罪の社会的構築
「他者」との共生へむけて

大庭　絵里

私たちが犯罪事件を起こした人々と直接出会うことはめったにない。私たちが知る犯罪は、マス・メディアやインターネットで報道された犯罪である。メディアにおける犯罪ニュースにおいては、逮捕された被疑者は非難されるべき人物として描かれる。それを見るオーディエンス（視聴者）は被疑者を非難し、厳罰を要求するが、それは犯罪ニュースへの反作用として捉えられる。犯罪ニュースは人々の犯罪観を再生産させ、社会統制的な影響力をもつ。本章では、犯罪社会学の視点から、犯罪がさまざまな相互行為による産物であり、社会的に構築されたものであることを解説し、犯罪者への処遇について、「共生」という観点から考える。

1　犯罪とは何か

ニュース、映画、小説など、あらゆるメディアで、私たちは、犯罪事件を見たり聞いたりする。特に人々の注目を浴びるのは、殺人事件である。そのような凶悪な事件を引き起こす「犯人」には厳しい罰を与えて、自分たちの社会から追い出すべきだと考えがちである。しかし、私たちが知っているのは、メディアの中の犯罪である。また、私たちは自分が被害に遭うかもしれないと想像して犯罪を恐れることはあっても、自分が加害の立場に立つかもしれないと考えようとしない。それだけ、犯罪は、私たちの日常から遠い存在なのかもしれない。

そもそも犯罪とはどのようなことなのだろうか。

1-1 犯罪についての法的な考え方

ここでは、法学的な説明には深く立ち入らないが、重要なことを確認すると、犯罪とされる行為とは、何が犯罪であるか、またどのような罰を受けるのかを明確にした刑法などのいくつかの法律によって規定された行為の型に当てはまる行為である。簡単にいえば、犯罪は「行為」でなくてはならない。頭の中で何を考えているかということは違法な行為ではない。また、その行為者は、責任ある主体としてみなされる人でなければならず、「心神喪失者」と判断される人や14歳未満の人は、そこからは除外される。

人が犯罪を犯したと疑われ、捜査を受け、その人の行為が犯罪であるか否かの判断、また犯罪であればどのような刑罰を受けるのかについては、定められた刑事手続を経なくてはならない。警察等の捜査機関による捜査、検察への送致、検察による捜査、起訴、裁判所における事実の認定、判決など、一連の手続きが刑事訴訟法によって定められている。

そのような刑事手続が定められているのは、国家が恣意的にある人を犯罪者として逮捕し、有罪にするなどという人権侵害をしないようにするためである。日本国憲法では、法律で定められた手続きによらなければ刑罰を科すことができないと、適正手続きの保障を規定している。

言い換えれば、人は、法で定められた、しかるべき手続きを経なくしては「犯罪者」と決定され刑罰を科されることはない、ということである。

1-2 社会的反作用としての犯罪

犯罪ニュース[1)]、映画やドラマなどでは、犯罪は悪い行為として明確に私たちの目にわかるように映し出され、誰にでもわかるようになっている。

しかし、犯罪行為は、どの人にとっても、いつの時代でも、どこの国や地域においても、同じように非難されるのだろうか。その行為に対する罰は、どこにおいても同じなのだろうか。

19世紀末期、フランスの社会学者デュルケムは、『社会分業論』(1893)の中で、「われわれは、ある行為が犯罪であるからそれを非難するのではなく、われわれ

---

1) ここでは、犯罪に関わる報道を犯罪ニュースとよび、テレビ、ラジオのニュース番組と新聞記事を考察の対象とする。テレビ局、新聞・通信社によって配信されるインターネット・ニュースも含む。

がそれを非難するから犯罪なのである」といった。ここでデュルケムが主張しているのは、犯罪は、人々による**反作用**の結果である、ということである。

一般に、私たちは、法違反だから犯罪を非難しているように思いがちである。しかし、よく考えてみれば、人々がある行為を「やってはいけない」行為としてみなし、非難するから、その行為を禁止する法律がつくられるのである。

別の言い方をすれば、犯罪は、犯罪という**ラベル**を貼られた行為のことである。レイベリング論で知られるH.S.ベッカー（1966）は、「社会集団は、これを犯せば逸脱となるような規則をもうけ、それを特定の人々に適用し、彼らにアウトサイダーのレッテルを貼ることによって、逸脱を生み出すのである」という。これは犯罪を考えるうえでとても重要な指摘である。ベッカーに従って、犯罪を解説するならば、ある人の行為に対して、「やってはいけない」行為だと誰かによって公に非難されてはじめて、周りの人もそれが「やってはいけない」行為だと気づく。その行為が禁止される法律がつくられると、法執行機関がその法を具体的な行為に適用し、取り締まり、さらにその事件は起訴、裁判へと進む。ある行為が公式に犯罪として判断されるまでには、当該の行為が犯罪であるか否かをめぐってさまざまな**相互行為**を経なくてはならない。その意味で、犯罪は自然発生的に「そこにある」ものなのではなく、複数の人々との**相互行為**によって「生み出され」、社会的に**構築**されるものなのである。

1-3　相対的な概念としての犯罪

犯罪はどの地域においても、また、どの時代においても同じであるわけではない。

例えば、2000年に「ストーカー規制法」が施行されるまで、恋愛感情をもつ相手に対して、執拗につきまとったり、何度も電話をかけたり電子メールを送ることは、犯罪ではなかった。また、アメリカではスポーツ選手などの有名人へのつきまといはストーカーとして犯罪となるが、日本では、規制の対象を恋愛に限定しているため、スポーツ選手や芸能人などへのファンによるつきまといは、規制の対象外である。

大麻や特定の薬物の製造、所持、吸引、売買などは日本では違法である。しかし、アメリカの一部の州では、医師による処方箋があれば医療用大麻の所持・吸引は合法となる。日本では、大麻の売買等で薬物取締法に違反しても死刑になることはないが、死刑を科す国もある。

また、日本では、戦前、既婚女性が夫以外の男性と性的な関係をもつと、姦淫罪という罪で裁かれた（男性は罪にならない）が、今は、「不倫」とよばれても、それは犯罪ではない。

人を殺すことは、たいていどの国においても犯罪となるが、人を死に至らしめても犯罪として非難されない場合がある。例えば、戦争中にある国の軍隊が敵国の兵を殺しても、殺人罪には問われない。

つまり、犯罪は、どこでもいつでも、同一に規定される概念として存在するわけではない。犯罪には絶対的な基準はない。人々が何をどのように「やってはいけない」と判断するのか、その**社会的反作用**はその地域や時代によって変わるのである。

日頃の警察による取り締まりやその後の手続き、裁判もまた、このような社会的な**相互行為**の連続である。法を執行する警察にしても、公判における検察、弁護人および裁判官にしても、ある行為にいかなる犯罪の**ラベル**を付与（あるいは**カテゴリー化**）するのかをめぐって、さまざまな**相互行為**が展開され、最終的に裁判官によって判断が下される。このように、犯罪は、社会的に構築されるという性格を有する。

では、日常的に私たちが知る犯罪事件はどのように報道されているのだろうか。

2　ニュース・メディアにおける犯罪

2-1　相互行為の産物としての犯罪ニュース

犯罪ニュースは、特定の行為者に犯罪者というラベルが付与される過程を、不特定多数の人々に「見える」ようにすることである。出来事を犯罪として疑い、定義をするのは情報源としての警察であるが、その情報にニュース価値を見出し、選択し、ニュースという形に転化するのが、メディアとしての報道機関である。報道機関がニュースを選択し、決定しているが、報道機関は日本で起きているすべての犯罪事件について知っているわけではなく、またすべてを報道しているわけでもない。情報源であり、かつ捜査機関である警察との相互行為によって得られた出来事の定義と情報をもとに、その他の情報も加えて、報道機関がニュースをつくる。したがって犯罪ニュースは、警察とニュース・メディアとの相互行為の産物として位置づけることができる。

報道機関によるニュース選択の典型的な例は、オーディエンスの好奇心や関心を集めることのできるセンセーショナルな事件である。犯罪ニュースでは殺人や強盗などの凶悪とされる犯罪事件が多いのも、このようなニュース選択の結果である。

2-2　犯罪ニュースの構成①――善と悪の対立

犯罪ニュースは、警察等から得られた情報をもとに、犯罪事件がストーリーというかたちでまとめられたものである。その特徴として、まず第1に、加害と被害の対置構造のもとでストーリーがつくられていることがあげられる。すなわち、被害を生み出す加害者と被害を受けた被害者という2者の対立を軸としてストーリーが構成されている。逮捕された被疑者[2)]は加害者としてカテゴリー化され、悪人として描かれ、被害者は気の毒な善人となる。

この対置構造のおけるそれぞれのキャラクターにふさわしいように、また、私たちが思い描く犯罪者のステレオタイプにふさわしいように、逮捕という時点から過去にさかのぼり、過去のさまざまなエピードがニュース製作機関によって集められ、取捨選択される。したがって、被害者の被害が強調されればされるほど、被疑者側の「悪」が強調され、被疑者はモンスター化されることになる。

このようなストーリーの構造の根底には、悪いことをするのは悪い人だからであるといった、私たちにとってなじみ深い思考が横たわっている。この悪が悪を生み出すという神話は、犯罪という出来事を理解するうえできわめて有用な文化的資源である。

被害者と加害者の区別は、実は簡単なことではない。ヤクザが被害者で、加害者が一般市民ということもあるし、暴力を受けていた女性が暴力をふるった男性を殺すこともある。しかし、被害者と加害者の区別は、ニュース・ストーリーをつくる側にとっては重要である。その区別は顔写真やその他の呼称など、人物の表現にも表れる。かつては、加害者は呼び捨てであったが、いまは「○○容疑者」とよばれる。一方被害者は、「さん」付けでよばれる。また、被害者は「女性」「男性」と称されるが、加害者は、例えば「この男は～」というように、「男」「女」と表現される。

犯罪ニュースのストーリーのもう一つの特徴は、内容が「勧善懲悪」のストーリーとなることである。

犯罪ニュースにおいては逮捕という段階に最も多くの関心がよせられる。被害

2)「容疑者」はマス・メディアが「被疑者」の代わりに使用する用語であり、日常会話においても「容疑者」が頻繁に使用されているが、法令用語としては「被疑者」が正しい。

の状況についての報道が続くと、さらに被疑者の逮捕への期待が高まり、被疑者逮捕はまるで事件の解決であるかのように扱われる。これでは犯罪ニュースは、犯罪とされる行為に関わった行為者のストーリーというよりも、警察という捜査機関の活動についてのストーリーとみなすこともできるだろう。ニュースはあたかも、悪人は正義の味方によって捕まって物語が終わるという「勧善懲悪」のストーリーとなる。それも、支配的権力をもつ者がその力で悪者をとらえて成敗するという、時代劇のような「勧善懲悪」なのである。

逮捕は刑事手続の一段階でしかない。しかし、犯罪ニュースでは、逮捕された人は「犯人」として扱われているような印象がある。憲法で保障された権利、すなわち、有罪判決を受けるまでは無罪を推定される権利などは、犯罪ニュースを読む人にはまったくわからないままである。

2-3　犯罪ニュースの構成②――動機

人がなぜ犯罪を犯すのか。この問いは誰もが抱く疑問である。捜査する警察も、ニュース・メディアも同様に、動機を追及しようとする。

一般的に、殺人などの凶悪とされる事件は、日常生活からは遠い出来事であり、それゆえに、「なぜ」そのようなことが起きるのかは、人々の大きな関心事である。殺人などの凶悪とされる出来事を起こす人には何らかの動機があるはずだという思い込みは誰にでもあるため、犯罪の動機が不明であったり、人々にわかる言葉で表されないと、ニュースを製作する側もオーディエンスも欲求不満となる。

被疑者の動機が明確でない、あるいは理解不能な場合、それはしばしば「心の闇」として問題提起される。ニュース・メデイアにおいては、「心の闇」という行為者個人の心理に起因する問題として事件が構築される。1990年代末期に少年による殺人事件が続いて報道されたとき、「心の闇」が大きな問題として取り上げられた。事件を起こす行為者自身が必ずしも、自分の行為について明確に語れるとは限らないのであるが、ニュース・メディアにおいても、オーディエンスも、そのような不明瞭さを許容できないのである。

3　社会統制機能をもつ犯罪ニュース

3-1　「犯人」とされる個人・家族への攻撃

とりわけ、事件を起こしたとされる行為者への非難は厳しく、その矛先は行為者の家族に向けられることも少なくない。当該の行為者やその家族の自宅には、脅迫的な手紙、ナイフやはさみなどが送り込まれたり、家の壁にはいたずら書きをされることがある。勤め先の会社から解雇されたり、周りの人々との関係にも影響が及ぶ。

このような犯罪とされる行為をする者に対する強い非難の態度の表明は、犯罪ニュースでの事件の描き方やストーリーによる影響ともいえる。これには、起こった事件自体や事件を起こした人に対する直接的な反作用のみならず、犯罪ニュースへの**社会的反作用**という側面もあることを見逃すことはできない。

時には、被疑者もその家族も、「世間を騒がせした」として非難され、謝罪を要求されることがある。メディアが騒ぐことが、「世間」を騒がせたことになるのである。実際に、その当該の事件が報道され続けるとき、被疑者やその家族の自宅付近は報道各社の記者やカメラマンで取り囲まれ、見物人も集まる。その一方で、その中にいる被疑者やその家族は通常の生活を維持するのが困難になっている。

3-2　秩序維持を求める犯罪ニュース

ニュース・メディアはオーディエンスによる反響を意識し、それを報道するが、犯罪ニュース自体が犯罪への反作用であり、さらに、オーディエンスに憤りの情緒を与える源にもなっている。

このような犯罪事件への反作用は、自分が被害者になるかもしれない、あるいは犯罪にまきこまれるかもしれないという、人々の被害者意識と表れと考えられるが、それ以上に犯罪が自分たちの住む共同体の秩序を乱したことへの憤りの表出として捉えられる。また、自分たちの欲求不満の矛先を犯罪者へ向けた感情の表出としても考えられる。

ニュース・メディアもオーディエンスも、被害者に同情し、自分たちが被害者になるのを恐れて、疑似被害者化するのだが、被害者の生活への配慮と権利の尊重はまだ発展途上である。被害者もまた、取材対象であり、人々から注目され、名前が公に出てしまうことによって日常生活の維持が困難となり、精神的にも打撃を受けるのである。

犯罪ニュースは、人々の犯罪事件への非難を資源としてつくられ、また、それを再生産する。犯罪ニュースは、逸脱の境界を目に見える形で人々に伝え、守るべき規範を再確認させ、人々が逸脱を非難あるいは排除して秩序維持を求めるように導くという意味で、社会統制の機能をもつといえる。

4　犯罪統計からみる日本の犯罪

犯罪ニュースでは、殺人や強盗などの凶悪とされる犯罪が多く扱われるが、日本の公式統計では、どのようになっているのだろうか。

図9-1は、2014年の刑法犯認知件数を罪名別にその比率がわかるように示したグラフである。認知件数とは、被害の届け出、告訴、告発などによって警察が発生を認知した事件の数である。最も多く警察によって認知されている犯罪事件は窃盗であり、刑法犯認知件数の約５割を占める。次に多いのが全体の約３割を占

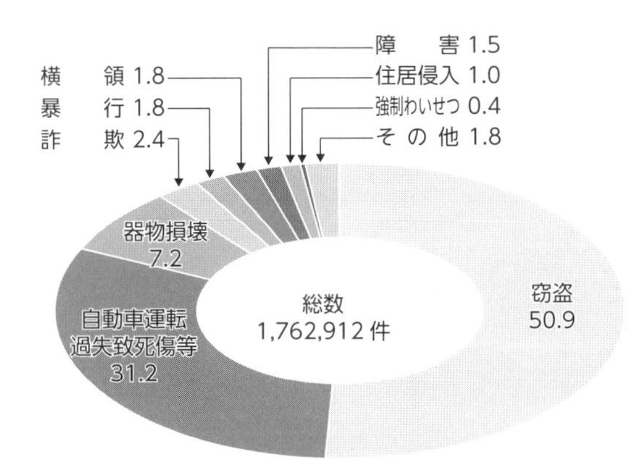

図9-1　刑法犯認知件数の罪名別構成比

注）1　警察庁の統計による。
　　2「横領」は、遺失物等横領を含む。
（出典：『平成27年版 犯罪白書』p.5（1-1-1-3図），2016）

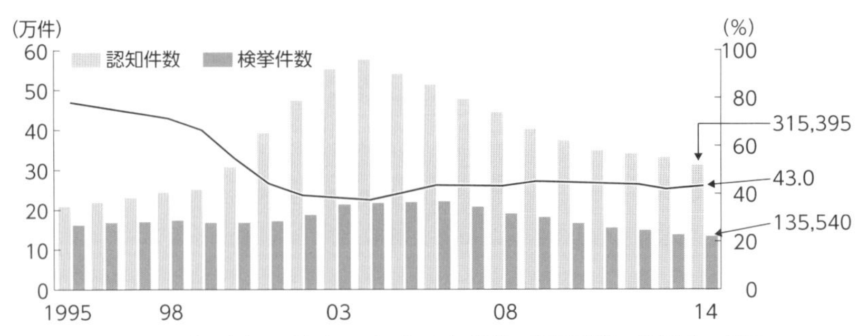

図9-2　一般刑法犯（窃盗を除く）認知件数・検挙件数・検挙率の推移

注）警察庁の統計による。
（出典：『平成27年版 犯罪白書』p.9（1-1-2-4図），2016）

める自動車運転過失致死傷害（交通事故による死傷）である。残りの約2割はその他の犯罪であり、例えば器物損壊、詐欺、暴行、横領、傷害などである。日本では、窃盗と自動車運転過失致死傷が刑法犯認知件数の多くを占めているという状況は、どの年も同様である。

では、犯罪ニュースに頻繁に登場する殺人や強盗はこの図のどこにあるのだろうか。殺人はこの図では「その他」に入るのであり、全体の1%にもみたない。

図9-2は、一般刑法犯の認知件数の推移を示している。一般刑法犯とは刑法犯全体から自動車運転過失致死傷等を除いたものであり、ここでは、さらに、認知件数全体の約半分を占める窃盗も除外している。これをみれば、2004（平成16）年をピークに認知件数が減り続けていることがわかる。

『平成27年版 犯罪白書』によれば、犯罪ニュースが多く報道する殺人は、他の犯罪と比べ、刑法犯の認知件数に占める比率はきわめて低く、0.06%弱（1,054件）であった。1995（平成7）年は1,281件であり、ピーク時の2003（平成15）年には1,452件まで増加、その後は減少し、2013（平成25）年には、938件と底を打ち、現在に至っている。

日本で起こる犯罪事件の特徴を刑法犯の認知件数から捉えるなら、犯罪ニュースが最も大きく扱う殺人や強盗などの凶悪とされる犯罪は、警察が認知する犯罪事件すべての中での比率はきわめて低く、しかも、この10年以上にわたって減少している。犯罪ニュースは日々報道されるために犯罪が増えているかのようなイメージを与えやすいが、日本では犯罪は減っている。

5　厳罰

犯罪ニュースでは「逮捕」の段階に大きな注目が置かれ、その後の裁判まで報道される事件は大きな事件を除くと数少ない。そのため、犯罪ニュースのオーディエンスの側からみるなら、逮捕は、「犯人」の逮捕であり、それで事件が解決されたことになる。

しかし、刑事手続上、「逮捕」という段階での報道によってわかるのは、警察が被疑者を逮捕したという事実であり、それ以外の情報はほとんど得られない。警察による取り調べの情報は限られており、また、警察以外の事件関係者からの情報は不確実なものである。逮捕後の取り調べにおける犯罪ニュースは被疑者や事件に関する情報すべてを報道しているわけではなく、証拠とされるものは裁判にならなければわからない。起訴における罪名が逮捕時と異なることもあり、無罪になる可能性もある。

2000年、10代の少年による殺人等の事件が多く報道され、少年による犯罪事件の低年齢化が叫ばれた。少年は「少年法」による一定年齢になるまでは刑罰を科されないため、刑罰を科すことのできる年齢を引き上げるように少年法は「改正」された。また、2013年、自動車の運転により人を死傷させる行為等の処罰に関する法律が成立し、2014年、同法の施行により、交通事故を起こした人には自動車運転過失死傷罪が適応されるなど、罰則が厳しくなった。

犯罪とされる行為に関わった人々に重い罰を科すことを求める人々は、たいてい、犯罪行為を犯した人はそれに対する「報い」を受けるべきだと思っている。そのような**応報感情**はどこの国の人々にもあり、歴史的にもそのような感情の存在がさまざまな刑罰を犯罪者に科してきた。しかし、厳しい罰を科すことによって、犯罪はなくなるのだろうか。

殺人を犯した人に対して死をもって償えと望む人は多く、日本の世論調査［「基本法制度に関する意識調査」内閣府 2015］においては、約85.6％の回答者が死刑制度について「場合によってやむを得ない」と回答しており（1994年においては73.8％）、「どんな場合でも死刑は廃止すべきである」と回答する者は5.7％（1994年においては13.6％）であった。しかしながら、死刑制度があることによって犯罪の発生を妨げる、つまり死刑に抑止効果があるということを明確に証明する研究はない。

日本の場合、殺人の4割は親族内で起こっている。また、殺人の8割は見知り合った関係のなかで起きている。死刑の有無よりも、殺人という結果を招くに至る過程におけるさまざまな問題が殺人を引き起こしていると考えられる。

何よりも、報いを受けるべきだという**応報感情**は、違反者を排除するだけであって、その社会が内包する諸問題を解決するわけではない。

6　更生・保護　他者との共生

死刑以外の刑罰を受け、刑務所で刑に服す人たちは、いつかは私たちの社会に戻ってくる。元受刑者たちは、刑期を終えれば、一般市民と同じ権利をもつ社会のメンバーである。しかし、彼ら / 彼女らの社会復帰は簡単ではない。

私たちの社会は、犯罪を犯した者への厳罰を求めるだけでなく、「前科者」に対しても厳しい。起訴され、有罪になると、勤めていた会社を解雇されることもあり、親族や家族との交流が途絶える人もいる。「前科者」「元受刑者」ということが露呈されると、就職できず、居住する場所も得られないこともある。そのようなかで、元受刑者はどのように生きていけばよいのだろうか。

日本では犯罪率が低下してきているが、『平成27年版 犯罪白書』によれば、1997年以降、一般刑法犯検挙人員中の再犯者率は高くなってきており、1997年が27.9%であったが、2014年には47.1%となっている。2000年頃から、犯罪への不安や厳罰を求める声がマス・メディア等で広がるなかで、検察官が厳罰を求める傾向も強まった。そのような厳罰化によって、高齢受刑者の増加、家族のいない孤立した受刑者や無職受刑者が増加したといわれている［浜井功一 2010］。

受刑者の中に高齢者や障がい者が多いこと、刑務所への入所回数が多い者ほど再入所回数が多いことなどと合わせて考えると、再犯者率の高さは、悪い人たちが何度も悪いことを重ねている、という単純な発想では捉えることはできない。そうではなく、刑務所を出ても、社会に適応できず、あるいは排除されて、再び犯罪を犯してしまうように追い込められる状況があることを私たちは理解しなくてはならない。

7 「他者」との共生へ

この状況の背景には、初犯には執行猶予のような温情を示しても、累犯者には厳しいという刑事司法の問題や、受刑者が社会に戻っても再犯者とならないための更生に関するプログラムが不十分であるという問題などがある。しかし、その最も奥深くには、出所者に対する人々の厳しい目線があるのではないだろうか。犯罪＝悪人というイメージや、犯罪者は社会秩序を乱すというイメージがあるなかで、刑務所から出所してきた人々への烙印はそう簡単には消えない。元受刑者は、すなわち犯罪を犯した人であり、一般市民にとっては別世界の恐ろしい人間であり、まさに「異界の他者」として映る。

しかし、そのような視線と態度こそが、元受刑者を排除し、結局は、再び犯罪を犯さなくてはならない状況に追い込むことになる。犯罪を犯す人々は、その犯罪とされる行為を行うまでに、失業、失職などの経済的問題、身体的、精神的な病、家族、親族、周囲の人々との関係性の問題、安心して生活できる住居や環境がないなど、さまざまな困難をかかえている場合が多い。刑務所を出所して新たな生活を開始しようにも、得られる支援はまだまだ少ない。そのような人々に必要なことは、福祉的支援や、社会復帰のための支援である。私たちと同じように社会に生きるための受け入れ体制が必要なのである。犯罪者だからと罰を与えるべきだ、という**応報感情**や態度では、元受刑者たちは、生きる場所がなくなり、結局は犯罪を重ねて刑務所に入る以外に方法がなくなってしまう。

犯罪のない社会をつくるためには、犯罪とされる行為を生み出す社会的要因の解決が必要である。貧困、病、障がい、教育の不足、孤立など、犯罪を誘発する状況が改善されることがないのであれば、どんなに厳しい罰を科したところで、その人はまた犯罪に関わるかもしれない。アルコールや薬物依存の犯罪者たちは、その依存から立ち直る生活ができるようにならなければ、服役した後に、また同じ事を繰り返す確率が高い。

もちろん、みずからの行為に対する反省は必要であり、みずからが生み出した被害の回復のための努力をする必要はある。しかし、有罪となった者を苦しめるために「罰を与える」という発想による科罰は、異質な者に負の烙印を押して排除してしまう社会を生み出し、再犯者を増やすだけである。そのような偏狭な社会においては、その刃はいつの日にか自分たちにも向かう。刑務所を社会復帰のために効果ある場として捉え、受刑者が社会に戻ってくるときには、私たちの共同体を構成するメンバーとして受け入れることが、安心、安全な社会をつくりだす一歩となるだろう。

参考文献

[1] デュルケム，E.，1989『社会分業論(上)』井伊玄太郎訳，講談社（原著：1893）.
[2] 浜井功一編著，2010『刑事司法統計入門——日本の犯罪者処遇を読み解く』日本評論社.
[3] ベッカー，H. S.，1978『アウトサイダーズ』村井直之訳，新泉社（原著：1966）.
[4] 法務省，2015『平成27年版 犯罪白書』.

第Ⅳ部

差異と多様性

第10章

アジアの「周縁」間を移動する人々

台湾・沖縄間を事例に

八尾　祥平

高校などで日本史の授業を選択した人は、沖縄・台湾・朝鮮などは近代国家である日本帝国の成立後に日本の統治下におかれ、第二次世界大戦での日本の敗戦をきっかけにして、日本政府は台湾と朝鮮の統治を放棄し、沖縄は日本の再独立後も米国の施政権下におかれ1972年になって日本に復帰したと教えられたのではないだろうか。沖縄と台湾は地理的には隣り合っているものの、日本本土との関係が強く意識された結果、お互いの歴史や結びつきはあっても記憶されない「近くて遠い」存在となっている。本章では、1960年代の台湾から沖縄への人の移動を通じて、日本本土（中心）と台湾や沖縄（周縁）という関係とはおそらく異なるであろう、台湾と沖縄をめぐる自己と他者の関係について取り上げる。

1　ポストコロニアル研究と世界システム論

現在の日本社会では、海外から外国人をさまざまな形で受け入れ、日本人も海外へ進出したり、もしくは、日本に居ながらでも海外の人々と連携したりする機会は増えているといってよいだろう。こうしたなかで異文化にある者同士が円滑なコミュニケーションを図ることがより重要であるとされている。文化と文化の間には、本来、優劣のようなものはないはずである。しかし、実際の歴史は「優れた」文化と「遅れた」文化があり、「優れた」文化の側にある人間は「遅れた」文化の側にある人間を支配しても当然、「遅れた」人間は「優れた」人間に差別されて当たり前であるという考え方に満ちあふれていたことを教えてくれる。

本章では、異文化間コミュニケーションを対等な関係ではなく、特に「支配する側／支配される側」という関係に焦点を当てて考える。「支配する側／支配される側」の関係を分析するための道具として本章では**ポストコロニアル研究**と**世界システム論**とよばれるものの考え方を用いることにする。

ポストコロニアル研究——支配する者と支配される者の関係を考える

まず、**ポストコロニアル研究**は、例えば、社会を「西洋＝優秀＝支配する人」「非西洋＝劣等＝支配される人」する支配・被支配に二分する関係があることを明らかにすることで、こうした支配・被支配関係を克服し、異なる文化をもつ人々同士の関係をより公正な関係へと変えていくことを目指す学問分野である。

第2次世界大戦後、アジア・アフリカの多くの国はヨーロッパの**宗主国**（植民地支配をしていた国）による**植民地**支配から脱し、独立国となった。しかし、独立後もさまざまな面で旧宗主国からの影響を強く受けることになり、本当に独立をしたとは必ずしもいえない状況が続いていた。

旧宗主国の大半は「西洋」であり、その一方で旧植民地の大半は「非西洋」として区分されている。植民地支配があった時代に「西洋」の人々は、「非西洋」の人々に対して「遅れた」「劣った」人々であるとみなし、だからこそ「西洋」の人々が「非西洋」の人々を指導し、支配することは当然なのだという考え方を正当化した。この結果、人数からみれば少数派にすぎないはずの「西洋」の人々が、「非西洋」の人々を支配することで経済的に豊かになるという社会構造ができあがっていった。この支配の構図は、アジア・アフリカの多くの国が独立してからそれなりの期間が経過した現在でも大きくは崩されていない。例えば、いま、世界の指導者を思い浮かべた時に、あなたは「白人」以外の人々をどれくらい思い浮かべることができるだろうか。また、世界は戦争であふれているものの、実際に戦場となっている地域はどういった場所だろうか（アフガニスタン・イラク・リビアなど、イスラム教の信者の多い国家ばかりがあげられるのはなぜだろうか。そして、そうした国に対してあなたがもつイメージはどのようなものだろうか）。こうした不平等な関係を変えていくことはいまだに大きな課題となっている。

上にあげた世界における不平等な関係の正当化は、よく考えれば馬鹿げたものにすぎない。しかし、歴史を紐解くと、「人類学」「地域研究」「歴史学」「文学」といった学問がそうした馬鹿げた支配の正当化を行ってきた事実がある。非常に単純にいえば、中立・公平であるべきはずの学問が、「**人種**」という概念で白人を優秀で非白人を劣った人々であると喧伝し、非合理であるはずの人種差別をなくそうとするどころか、むしろ、それを積極的に正当化すらしようとしてきたのである。こうした幅広い学問分野にみられた支配の正当化に対して**ポストコロニアル研究**は、一見中立のようにみえることも、異なる立場の人からみれば、全くの偏見にすぎないことを訴えてきた。このように、ポストコロニアル研究は経済学、法学、物理学、化学などのように一つの学問分野として成り立つのではなく、さまざまな学問分野の見直しを訴えるという点で比較的「新しい」学問のあり方とみなされている。

世界システム論——豊かな地域と貧しい地域をつくりだす仕組みを考える

「白人は優秀で、非白人は劣っている」という個人レベルの優劣は、国家レベルでは「優れた国家は豊かで、劣った国は貧しい」とする考え方ともよく似ている。豊かな国は白人の国で、貧しい国はアジア・アフリカの非白人の国が多いという近代以降の世界の状態は、優秀な白人の国はますます富み、そうでない非白人の国がますます貧しくなるのは「自然」なことと錯覚させる。競争の結果、優れた国が富み、劣った国は貧しくなるという考え方は一見もっともらしいのだが、本当はそうではないことを指摘してみせた学問として**世界システム論**とよばれる、ポストコロニアル研究と同様に比較的「新しい」研究がある。

第2次世界大戦後、アジア・アフリカの**植民地**は、時にはヨーロッパの**宗主国**との独立戦争を経て、独立国家としての立場を勝ち取っていった。また、欧米では資本主義の国と社会主義の国に分かれる冷戦が始まり、アジア・アフリカの新独立国をそれぞれの陣営に引き込もうとする動きも活発になっていった。こうしたなか、資本主義国の代表選手ともいうべきアメリカは**近代化論**という経済理論で自分の味方になるアジア・アフリカ諸国が豊かになるよう支援しようとした。近代化論とは、ヒトが子どもからだんだんと成長して大人になっていくように国家経済も段階を経て成長していくとみる考え方で、先に豊かになった国からまだ成長しきっていない国へと「おこぼれ」がまわることで他の国も豊かになるとして、アメリカがアジア・アフリカ諸国に援助を通じた「介入」を理論的にサポートした。

その一方で、**発展途上国**の側でも原料を先進国に売り、工業製品を**先進国**から買い、赤字続きのため豊かになれないという状態から抜け出すための模索がなされた。例えば、先進国から工業製品を買わずに自国で生活に必要な物資をすべて生産しようとする**輸入代替工業化政策**とよばれる経済政策が実施された。しかし、結果としては先進国から工業製品を一切買わないということはできなかったため、赤字体質からは抜け出すことができず、失敗に終わる。

発展途上国を経済発展させるために、**先進国**や発展途上国自身の努力にもかかわらず、それらが失敗に終わったことから、**世界システム論**の理論的な基礎の一つとなる**従属論**とよばれる考え方を主張する人たちが現れる。従属論者は一つの国が子どもから大人のように経済成長していくという考え方そのものが根本的な誤りとみなした。そして、国家ではなく世界全体を一つとしてみると、特定の国が他の国の富や資源を「合法的」に吸い上げた結果、豊かな国と貧しい国に分かれていると主張した。貧しい国とは近代国家として成長が遅れた劣った国ではなく、世界全体が近代化していくなかで貧しさがしわ寄せされた「もう一つの近代国家」の姿にすぎないと指摘した。こうした国レベルではなく、世界全体から国を超えた分業体制を分析する学問潮流から世界システム論が生み出された。

世界システム論では、世界を**中心・半周縁・周縁**の三つに分け、世界の富は半周縁・周縁から中心へと吸い上げられており、そのうえで、世界全体は**コンドラチェフ波**とよばれる80年くらいの景気サイクルによって中心が移動していくとみる。歴史を紐解くと、こうした一国を超える経済システムそのものは近代以前からあり、これを**世界帝国**とよぶが、近代以降は世界帝国の時代とは異なり、富は貯めるものでしかなく、政治がその使い道を決めるというのではなく、例えばマネーゲームのように富そのものが自己増殖するようになり、富の自己増殖という目標のなかに政治すら埋め込まれていく**世界経済**の時代として区別される。

ポストコロニアル研究や世界システム論は、異なる学問研究ではあるものの、おおざっぱにみれば、白人の国家＝**中心**によって非白人たちの国＝**半周縁・周縁**から富が吸い上げられていくことを、もっともらしく正当化しようとする不公正かつ非合理的な状況を改善しようとする点では方向性が一致している。

日本におけるポストコロニアル状況

ところで、日本におけるポストコロニアルな状況とはどのようなものだろうか。日本は、アジアの中では「西洋」による**植民地支配**から逃れ、独立を果たした数少ない国のうちのひとつである（他はどこの国だろうか？）。このため、戦前もアジアから多くの学生が日本で留学していたという事実がある。しかしながら、日本は日本自身が独立を果たした一方で、琉球王国を日本に取り込み、海外**植民地**として台湾と朝鮮を統治したにとどまらず、満州国や南洋にもその支配領域を拡げていった。敗戦によりこれらの地域の統治を放棄することになったものの、旧植民地出身者のうち日本にとどまり続けていた者も少なくない。日本帝国における「**周縁**」として沖縄・台湾・韓国（朝鮮）出身者が、「**中心**」としての日本との関わりの中でどのような問題を抱えることになったのかという問題については、各地域の研究のなかで分厚い蓄積があるものの、「**周縁**」とされた地域間の関係についてはこれまで意識されてはこなかった。本章では、1960年代に行われていた技術導入事業を通じた台湾から沖縄への人の移動を題材に、台湾と沖縄をめぐる自己と他者の関係について考察したい。

2 「技術導入事業」による台湾から沖縄への人の移動

1953年の米国の日本への奄美返還以降、中華民国国民政府（以下、国府と記す）は沖縄の日本復帰には対外的にも明確に反対するという立場をとり、沖縄との関係強化をはかるための手立てを模索していた。しかし、米国の信託統治下にある琉球政府とは外交部を介した通常の外交を行うことは不可能であったため、こうした状況を打開するために1958年3月10日、中琉文化経済協会が創設された。中琉文化経済協会の活動の目的は「中琉のひとびとの心と心を結び、文化・経済面での協力を促進し、そして、貿易事業を発展させるため」と定められた。中琉文化経済協会は、当時、与党・中国国民党（以下、国民党と記す）の中央評議委員であった方治が初代理事長に就任した。当時の国民党は、表向きはあくまでも「琉球」とは文化や経済を通した関係強化を標榜し、政治的活動には一切関知しないとする姿勢を装っていた。「技術導入事業」はこうした台湾の沖縄との関係強化策の一つであった。

興味深い点としては、1949年に中国での国共内戦に敗れ、台湾へ撤退した方治をはじめとする国民党の幹部らは、近代以後の日本の沖縄県としてではなく、前近代の清王朝の時代に朝貢をしていた琉球王朝との関係を想起していたことである。そして、中国を兄、「琉球」を弟とみなして、兄が困っている弟を助けるのは当たり前だという発言がしばしばなされていた。中国人という意識をもった人々としての視点にたてば、当時の沖縄では米国の施政権下であっても日本人であるという意識をもつ人々が多かったことは意識されず、かつての朝貢国「琉球」として強く意識されていた。

「**技術導入事業**」が開始されるきっかけは、1962年に宮城仁四郎の経営する琉球殖産へ農業技術の導入を目的に台湾から37名のパイン工がテストケースとして導入されたことに始まる。台湾人工員の勤勉さを知った同業他社も、次年度から台湾人工員の大量導入を希望するようになったものの、琉球政府側は沖縄の労働者の雇用を圧迫する恐れがあるとして、その導入には制限が加えられることとなった。1965年9月より「非琉球人雇用に関する規則」が施行され、「非琉球人」の雇用審査については琉球列島米国民政府から琉球政府へと権限が移管し、沖縄に外国人労働者を受け入れる体制が整い、台湾から沖縄への人の移動が急速に拡大していった。

「**技術導入事業**」によって台湾から沖縄へ「技術者」が派遣されるにあたって、国府および琉球政府のあいだで戦前の日本帝国による強制連行の歴史が問題化されることはなかった。送り出し側の国府はそもそも沖縄を日本帝国の統治下にあった地域ではあるものの日本本土とは異なる地域として区別していたため、戦前の強制連行の問題を「琉球」側に問うことはなかった。その一方で、琉球政府の側でも「技術導入事業」による台湾人の受け入れを検討するにあたり、当時の沖縄は米国の施政権下に組み込まれ、戦前の日本帝国の統治からは断絶が生じていたこともあってか、強制連行の歴史が問題化することはなく、沖縄の労働市場における需給バランスを乱さないか否かのみで決定が下されていた。これは当時の日本本土での外国人労働者受け入れ問題について、日本政府は強制連行の歴史をふまえ慎重に検討していたことと比較すると対照的な動きといえる。

台湾からのパイン季節工受け入れ状況

琉球殖産のパイン工場では台湾人の林發が工場長を務めており、現場では彼が台湾人工員をとりまとめていた。林發は沖縄の産業振興のために戦前の台湾から石垣島へ「日本籍民」として渡った人物であり、日本の敗戦直後の混乱期に与那国島を中心に行われていた密貿易の中心人物であり、密貿易時代が取り締まられるようになってからは石垣島でパイン産業を営んでいた。また、林發は当時、琉球八重山華僑総会の会長も務め、地域の華僑のまとめ役でもあった。沖縄におけるパイン産業発展の基礎は台湾人が担っていたのである。

1971年発行の「職業別雇用許可状況」（**表10-1**）によれば沖縄にやってき

表10-1　職業別雇用許可状況

職業	全体	台湾
専門的技術的職業	334	32
管理的職業	191	33
事務的職業	172	18
販売及び類似の職業	229	61
農業林業及び類似の職業	1593	1586
漁業の職業	422	10
採鉱・採石の職業	4	4
運輸通信の職業	23	2
技能工、生産工程の職業	3193	1900
サービスの職業	106	70
計	6267	3716

（出典：琉球政府労働局『職業紹介関係年報』1971年版）

表10-2　季節労働者の導入状況

年度	パイン季節工			甘蔗季節工			合計		
	計	男	女	計	男	女	計	男	女
1966	286	–	286	430	50	380	716	50	666
1967	488	–	488	808	111	697	1,296	111	1,185
1968	717	–	717	1278	339	939	1,995	339	1,656
1969	225	15	210	1344	385	959	1,569	400	1,169
1970	506	15	491	1266	415	851	1,772	430	1,342
1971	165	10	155	700	160	540	865	170	695

（出典：琉球政府労働局『職業紹介関係年表』1971年版）

た台湾人は総数で3,716名おり、雇用許可を受けた者のうち台湾人の占める割合は59.3%となっている。技能工および農業関係で働く者の割合は全体の9割を超え、「技術導入事業」はパイン工と甘蔗工で大半が占められていることがわかる。

「技術導入事業」で実際に派遣された者の大半を占めるパイン季節工（以下、パイン工と記す）および甘蔗季節工（以下、甘蔗工と記す）たちの状況をみてみると、全体の推移については、1966年から68年までは急激な増加がみられる（**表10-2**）。派遣者数は1968年の1,995名が最大となっているが、70年までは毎年1,500名以上の者が派遣されていた。71年は前年の半分にも満たない状態になってしまったが、これは『職業紹介関係年表』（1971年版）によると甘蔗工をパイン工へ転用したことが原因と説明されている。

パイン工について、1968年までは急激に増加しているものの、その後は増減を繰り返し、安定していない。パイン工については原則として女性が担っており、男性は1969年よりごく少数のものが入っているにすぎない。このパイン女工は主に農家の主婦であり、台湾での農繁期を過ぎたあと、現金収入を求めて沖縄での就労を選択していたとされている。

甘蔗工については、1966年から68年までは急激に増加しているものの69年をピークに減少に転じている。男女比は、パイン工ほどではないにせよ、女性が圧倒的に多い。サトウキビ刈りは熟練した技術が必要とはされないものの力仕事なので、男性のほうが多くても不思議はないが、当時の台湾は戒厳令下であり、男性は有事に備え極力国内に留めようという国府の政策的な意図が反映されたことも原因の一つとして考えられる。

台湾側で作成された内部資料では、表10-3のように、同時期に台湾から沖縄

表10-3　1966年8月17日から1968年3月末日までの赴琉工作員・労務者数

企業名	合計	義士	義胞	帰僑	台籍
國場組	178	78	17	38	45
中央セメント	20	2	1	10	7
大和セメント	39	7	2	15	15
アジア畜産	9	1	1	2	5
沖縄酸素工業所	10	–	1	4	5
松岡貿易会社	5	–	–	5	–
黒森株式会社	26	–	–	–	26
琉球殖産	428	28	–	20	408
大東糖業	867	28	23	33	783
計	1582	144	45	127	1294

（出典：中琉文化経済協会）

へ派遣された技術者は、前述の職種（パイン工・甘蔗工）を除くと、その大部分は国場幸太郎の経営する國場組に派遣されていたことがわかる。国場は、当時の中琉文化経済協会の沖縄側のカウンターパートナーであった中琉協会の幹部でもあった。また、琉球殖産および大東糖業はともに、中琉協会・会長の宮城仁四郎が経営する企業であり、「技術導入事業」は中琉文化経済協会と中琉協会という台湾と沖縄の政財界の結びつきによって進められていた。

台湾側には派遣された者を反共義士・義胞・帰僑・台籍に分類した統計が残されている。こうした統計がとられた背景には、方治が中国大陸災胞救済総会の副理事長として、反共義士（中国共産党ではなく、国民党側についた兵士のこと）・義胞（中国から台湾へ逃げてきた人々）・帰国華僑（以下、帰僑と記す。東南アジアなどで暮らしていたものの、第二次世界大戦後のアジア各地の独立戦争の混乱をさけ、かつ、中国共産党に財産を没収されないようにするために中国の故郷ではなく、国民党の支配する台湾へ「帰国」した人々）など、戦後の台湾へやってきた、台湾に生活基盤をもたない人々の就業支援等を行っていたためである。方治によって中琉文化経済協会の「技術導入事業」と中国大陸災胞救済総会の反共義士・義胞・帰僑への就労支援事業とが結びつけられ、彼らの就労機会としても利用されていたのである。反共義士については失業中の者や生活保護を受けている者、義胞や帰僑については家族が多く生活が苦しい者を優先して派遣させることが原則となっていた。当時の「技術導入事業」を通じた台湾から沖縄への人の移動は、戦前の台湾から沖縄への日本帝国内部での人の移動とは異なり、大陸出身者や東南アジアの華僑が含まれていた。これはいわば、東アジア・東南アジアにおける台湾の国府を中心とする反共勢力圏内部での移動として行われており、台湾から日本本土への人の移動とは異なる沖縄の「独自性」といえるだろう。

台湾からの「技術者」を受け入れていた会社の社史には、こうした大陸からやってきた人々のことも記録されている。沖縄側の人々から「将軍」とあだ名された威厳ある元兵士は、国民党軍に従軍して台湾へ渡ってしまった結果、中国の故郷で暮らす家族と離ればなれになっていた。当時の中国と台湾は「内戦状態」にあり、人やモノは直接、自由に行き来することがまったくできなかったことが原因である。そこで「将軍」が人目を忍んで職場の沖縄の人々に、自分に代わって故郷の家族に手紙とお金を送るよう頼んでいたことが沖縄側の社員の思い出として記録されている。当時の沖縄ではアメリカの内部の人種差別を反映して、米軍基地のあるコザ市（現沖縄市）には白人街と黒人街に分かれていたのだが、それと同じように中国から台湾へ渡った元兵士の痕跡があり、沖縄の外からいろいろなものが流れ込んで折り重なる点が、ある種の「沖縄らしさ」のひとつといえるのかもしれない。

沖縄の人々からみた台湾からの労務者たち

沖縄側が「技術導入事業」を推進した背景として、1960年前後から沖縄県の北部や離島といった農村地域において急激な過疎化が進行し、労働力不足が起きていたことがあげられる。与那国町・北大東村・南大東村といったサトウキビ、パインアップル産地では1965年から70年にかけて20％以上の人口減少に見舞われ、特に若い労働者人口の減少が著しかった。さらに、1970年代初頭は、本土との格差是正のための公共事業や海洋博関連工事などにともなう建設労働者の賃金上昇もあり、こうした農村からの人口流出がさらに加速しただけでなく、沖縄県全体でも労働力不足をいかに補うかが大きな社会問題となっていた。

当時の台湾社会では、実は、沖縄と同じく農村の労働力流出が起こりつつあった。石田浩の調査によって、台湾では1960年代前半には農業から工業への人口移動がみられるものの農村の潜在的過剰労働力は消滅しなかったのに対して、「技術導入事業」が開始された時期にあたる1960年代後半には余剰労働力だけでなく、基幹労働力までもが流出し始め、農業就業者が絶対数でも減少したことが明らかとなっている（**表10-4**）。当時の国府は単純に台湾の中で職にあぶれた人々の失業対策として沖縄へ送り込んでいたのではなく、国内の農業労働力が年々減

表10-4　失業率の推移（%）

	沖縄	台湾
1963	0.8	5.3
1964	0.5	4.4
1965	0.7	3.3
1966	0.5	3.1
1967	0.5	2.3
1968	0.5	1.7
1969	0.5	1.8
(1973)	–	1.3

（出典：沖縄統計年鑑，中華民国統計提要各年版より作成）

少していたにもかかわらず、「琉球」との関係強化のために沖縄へ派遣する農業労働力を確保する政治的な努力が積み重ねられていた。しかし、沖縄側からは台湾側の事情はみえず、「職にあぶれた台湾人がきている」との見方がなされていた。また、台湾人を雇用する沖縄側の企業経営者の多くは台湾からの引揚者が多く、「働き者の台湾人」という戦前の支配者としての記憶から彼らを好んで雇用しようとした。さらに、また、かつての植民地・台湾からきた人々に対して興味をもち、沖縄人からみた「台湾人」の暮らしぶりについては、「かつての自分たちの貧しかったころ」を思い起こさせるといった文章も残されてもいる。

一方で、「**技術導入事業**」によって沖縄へ渡った戦前の日本教育を受けた「台湾人」のひとりはこう語っている。「私たちは、お金に困った出稼ぎの労働者のように思われることが多かったが、本当はそうではない。私たちはただ、自己実現がしたかっただけなのだ」。確かに、「技術導入事業」によって台湾から渡った者の中には生活に窮している者も少なからず存在してはいたものの、筆者が聞き取り調査を行った限りでは、大学卒業者も決して少なくはなく、沖縄へやってきた理由については、生活の苦しさよりも当時の国民党一党独裁による息苦しさや、日本時代同様に出自に縛られて能力に応じて出世できない状況に嫌気がさしたという話がよく語られていた。

この当時の日本本土では旧植民地出身者に対する偏見や差別はまだまだ根強く残っていた。沖縄は厳密な意味では植民地ではないものの、実態としては日本本土のマジョリティにとっては他者として差別的な扱いを受けていた。差別がどのような苦しさをもたらすのかを知っているはずの当時の沖縄の人でさえ、かつての植民地であったという記憶・印象も相俟ってか、台湾人を自分たちよりも「遅れた」他者としてまなざすことが多かったようだ。そのことに日本教育を受けた台湾人たちは内心、違和感を覚えていたことがみえてくる。

「技術導入事業」の終焉

1971年のパイン工派遣の時期は通年よりも遅れ、沖縄側では各工場の人手不足が深刻化し、一部の工場ではサトウキビ刈りに従事していた台湾人をパイン工へ転用する事態に陥った。表10-5にまとめた1970年と71年の甘蔗工とパイン工

表10-5　季節労働者の許可導入状況

年	甘蔗季節工		パイン季節工		合計	
	許可人員	入域者数	許可人員	入域者数	許可人員	入域者数
1970	1594	1266	700	506	2294	1772
1971	1707	700	1250	165	2957	865

（出典：琉球政府労働局『職業関係年報』1971年版）

別の入域許可者数と入域者数から、沖縄側の許可人員は増加していたにもかかわらず、台湾側の入域者は大幅に減少し、需給関係のバランスが大幅に乖離していたことがわかる。特にパイン工については人数を大幅に減少させただけでなく、1970年には許可人員の約7割が入域していたのに対し、71年には許可人員の2割にも満たない人員しか入域せず、壊滅的な状態となっていた。

1972年5月15日、沖縄は日本へ復帰した。このことは国府が「琉球」は少なくとも日本の支配からは切り離すという戦後の東アジアにおける国際秩序構想の完全な否定を意味していた。この事態に対して、同年6月、方治はただちに建議書を作成した。建議書では、復帰後の「琉球」において共産勢力が勢力拡大することを阻止するために中琉文化経済協会を通じた中琉関係の強化を訴えた。同年8月、中国国民党中央委員会は方治の建議書をもとに外交部に対して中琉文化経済協会の存続とその支援を通達した。

だがしかし、沖縄をめぐる国際情勢は国府にとって好転することはなかった。同年9月29日の日本と中国との外交関係の樹立は、国府と日本政府との外交関係の断絶（日華断交）を意味する。国府は日華断交という危機的状況に直面したからこそ、なおさらのこと「琉球」との良好な関係を維持するために、その友好関係の象徴ともいうべき「技術導入事業」を継続することを当然視していた。一方、沖縄側も労働力の確保という「実利」を求めて「技術導入事業」の実施について5カ年計画を策定し、中期的な事業として継続することを要請していた。このように当時の国府側と沖縄側はそれぞれに異なる思惑を抱きながらも、「技術導入事業」の継続を目指していた。

しかし、実際には、この年の8月に沖縄側が台湾からの労務者受け入れを準備し、国府も派遣を約束していたにもかかわらず、日華断交の影響もあり、これは実現しなかった。1973年も沖縄側では労働力の確保は困難であると予想されており、沖縄県パインアップル缶詰工業組合は中琉文化経済協会を通じてパイン工の派遣を要請していた。「技術導入事業」は継続されるとみられていたにもかかわらず、1973年4月、国府の行政院は「技術導入事業」の停止を関係官庁へ通達し、同年6月に沖縄側へ派遣は困難との回答を正式に行った。このため、もともと予定していた台湾からの労働者の代わりに韓国から労働者を受け入れることになったものの、こちらのほうはもともとパインやサトウキビ栽培に慣れていないこともあってか、台湾からの受け入れ時とは対照的にトラブルも多く、継続はされることなく終了してしまった。

3 「技術導入事業」を題材にした小説『魚群記』を読む

沖縄の「戦後」史は、1972年の施政権返還前後でひとまず区切りがあり、「占領下の文学」と「返還後の文学」というように区切りがつけられている。1940年代から1970年代にかけての沖縄文学史の概要は、以下のとおりである。

1940年代　敗戦直後の社会の様子を書き取ったものが主流。
1950年代　島ぐるみ闘争による米軍への抵抗・状況の告発を目指す作品が増える。
1960年代　復帰運動の盛り上がりと「沖縄」を問い直す作品が増える。
1970年　施政権返還をきっかけとする沖縄の歴史・文化・思想の模索によるアイデンティティ確立返還後は占領下とは異なる日本との一体化によって生じた状況から生まれる作品が増える。
このことと、女性作家の増加は、一見無関係なようでいて実はつながっている。日本との一体化がすすむものの、沖縄では依然として伝統の影響が大きく、そのために伝統に縛られる女性の「自立」が一つの文学的な題材となりえたのである。

本節で取り上げる、作家・目取真俊について、簡単に紹介したい。1960年生まれ。1997年に『水滴』で芥川賞を受賞する。施政権返還後の作家として、沖縄の戦後を政治的な闘争を直接題材にするのではなく、しかし、日常のなかに現れてくる沖縄の抱える問題を多様に捉えようとしている作家として位置づけることができる。なお、本節で取り扱う作品『魚群記』の題材は「台湾と向かい合うことであらわれてくる『加害者』としての沖縄」である。

『魚群記』は1984年に発表された作品で、「技術導入事業」でやってきたパイン女工「台湾女」をめぐる物語を思春期の少年の視点から描いている。そのあらすじは、パイン工場へ出稼ぎにやってきた「白い肌」をもつ台湾女に惹かれる少年は自分の兄と「台湾女」が肉体関係をもっていることを知らされショックを受ける。さらに、「台湾女」のいる工場の近くへ行くなと固く禁じていた父親が実は「台湾女」と肉体関係をもっていたことを知り、少年はショックを通り越して奇妙な笑いがこみあげてくる描写で締めくくられている。

ムラの境界と台湾女の白い肌

「台湾女」という、自己とは異なる他者の存在が地域の共同体の境界として間主観的に描かれており、小説の中で繰り返し強調される「台湾女」の「白い肌」=人間の境界=共同体の境界というイメージに重ね合わされている。ここでポイントとなるのは、「台湾女」は言葉を発していることはわかるものの、それが物語に影響を与えるような行為にはなっていない点である。つまり、地域の共同体のなかで、かぎかっこつきの台詞のある者は共同体の内部の者だけで、それ以外の人たちの「声」は奪われている。言い換えれば、言葉を話しているはずなのに、それがなかったことにされる存在こそが共同体の境界を保っている。この構図は、沖縄は日本本土によって声を奪われ続けているが、安全保障という名のもとにいまも大きな負担を強いられることで日本本土を支えていることと重なる。

少年の家族構成も沖縄をめぐる国際関係になぞらえると、父は米国、兄を日本、そして、子どもであり無力とされる少年は沖縄の暗喩として読むこともできる。ここで重要なのは、一見すると無力にみえる少年=沖縄であっても、父や兄と同じく共同体にとって身内ではない他者=台湾女から声を奪っており、子どもであるから無垢な罪のない存在であることは決してなく、向かい合う他者によってはいくらでも加害者になり得ることが描かれている点にある。日本本土では沖縄人に対する差別も根強く残っていた当時であっても、実際の技術導入事業によって沖縄へやってきた台湾人が沖縄人からは低くみられることに対して違和感を覚えていたこととも重なり合う。向かい合う他者によっては少年が無垢ではなく、加害者になるという描写はこの他にも、少年が釣った魚の「眼」をえぐりだす場面にもあらわれており、「眼」をえぐりだす行為は、見る者（支配者）と見られる者（支配される者）の関係は対等ではなく、見られる者は見ることができないという権力関係の暗喩ともなっている。このように『魚群記』は自己と他者との間で複雑に変化する権力関係が皮膚・眼・声といった人間の身体に深く刻み込まれていることを鮮明に暴き出すことに成功している。

過去にされる現在、声にならない声

この小説は、かつての「少年」が過去を振り返る形式で書かれている。復帰後10年が経過してすでに「技術導入事業」は過去のことにされている。しかし、実際にはそうではなく、ほそぼそと表には出ないかたちで地域の共同体のなかで台湾からの労働者の受け入れは続けられてもいた。この小説が書かれた当時であっても、「台湾女」はいるけれどもいなかったことにされ、「現在」であるはずなのに「過去」に閉じ込められ、さらには忘れられようとしている。「技術導入事業」のようなマイナーな事例から、そのなかのさらにマイナーな台湾からやってきた人のことを思い出すのはどんな意味があるというのだろうか。いろいろな答えはあると思うが、さしあたっての筆者の答えとしてはこんなところである——個人個人の記憶だけでなく、実は社会の中にも記憶があって、個々人の記憶のように、社会の中で記憶されることもあれば、重要ではないとみなされて忘れさられてしまう出来事もある。社会の中で何が記憶され、また、何が忘れ去られてしまうのかを問い直すことは、社会を根底から支えているにもかかわらず、「声」がなく、存在がなかったことにされる人々の生を尊重することにつながっている。こうした忘れられがちな人々の生を尊重することは、**世界システム**によって富や力が特定の人や地域に過度に集中するような不公正な状況から、**ポストコロニアル研究**が目指してきた、より民主的な社会、いいかえればより多くの人にとって生きやすい社会へとつくりかえていくための重要な作業に他ならない。

参考文献

[1] 赤松美和子・若松大祐編著, 2016『台湾を知るための60章』明石書店.
[2] 櫻澤誠, 2016『沖縄現代史』講談社現代新書.
[3] 朱恵足, 2001「目取真俊『魚群記』における皮膚——色素/触覚/インタフェース」『現代思想』10月号 29(12):18-30.
[4] 野入直美他編著, 2012『石垣島で台湾を歩く——もうひとつの沖縄ガイド』沖縄タイムス社.
[5] ——, 2008「生活史から見る沖縄・台湾間の双方向的移動」蘭信三編著『日本帝国をめぐる人口移動の国際社会学』不二出版, pp.559-592.
[6] 松田良孝, 2004『八重山の台湾人』南山社.
[7] 目取真俊, 2013『魚群記』影書房.
[8] 八尾祥平, 2013「戦後における台湾から『琉球』への技術導入事業について」蘭信三編著

『帝国以後の人の移動――ポストコロニアリズムとグローバリズムの交差点』勉誠出版, pp.595-623.
［9］――, 2014「琉球華僑――顔の見えないエスニック・マイノリティ」谷富夫他編著『持続と変容の沖縄社会』ミネルヴァ書房, pp.132-153.
［10］――, 2016「地域と地域の境界に埋もれた歴史を思い起こす――琉球華僑・華人を中心に」小熊誠編著『〈境界〉を越える沖縄』森話社, pp.117-152.

第11章

病むという経験の多様性

古谷　伸子

猛暑の夏、身体がだるく食欲がない。こんな経験をしたことはないだろうか。そんなとき、自分だったらどのような行動をとるだろう？　ただの夏バテだから問題ないとほうっておくか、食欲はないが食べなければ体力が落ちてしまうと無理をしてでも食事をとるか、はたまた疲れがたまっているせいだと休息するか。では、ほうっておいた結果、めまいやふらつきがあらわれたらどうだろう？　いくら楽観的な人でも「これはヤバい」と何らかの行動を起こすのではないだろうか。近所のクリニックへ行き、脱水症状だと言われて点滴を打ってもらうことになるかもしれない。本章で扱うのは、このように誰もが経験する身体の不調についての解釈と行動をめぐる文化である。

1　病気になるということ

人間は生まれてから死ぬまでに何度も病気を経験する。種類や程度は人によって異なるが、自分の身体に何の不調も感じず一生を終える人はまずいないだろう。しかし、誰もが経験する病気であるとはいえ、その経験の仕方は個人によって、また社会や文化によって異なっている。

1-1　病気が経験される過程

一般に私たちはどのように病気を経験するのだろうか。身近な例を思い浮かべてみてほしい。頭が痛い、胃がもたれる、熱があるようだ等々、まず経験するのは特定の症状ではないだろうか。そして、いつもとは違う身体の不調に気づくと、それまで生きてきたなかで蓄積された知識と経験、そして最近の自分の状況に照らし合わせて原因を推測し、対処法を決定しているのではないだろうか。例えば、頭痛が生じた際、長時間、パソコンを使って作業していたから肩がこって頭が痛むのだ、と考えれば、首や肩を温めたりストレッチをしたりするかもしれない。あるいは、頭痛や発熱などの症状がいくつか重なって現れたなら風邪やインフルエンザを疑い、市販の総合感冒薬や解熱鎮痛剤を飲んだり、症状が重い場合には内科のクリニックで受診しようとするかもしれない。また、自分で判断ができない乳幼児の場合には、本人ではなくまず周囲の大人（その多くは母親）が症状に気づき、対処することになるだろう。

自己治療の範囲を超え、専門家の治療を受けると診断が下され、病名が確定する。そして、本人はその病気にかかったことを自覚し、そこから病気は社会的にも経験されるようになる。特定の病気をかかえる患者となったことで、周囲の人々との接し方、職場や学校での扱われ方などに変化が生じることもあるだろう。感染症の場合には、社会全体で対処すべき問題として患者の行動が管理されることもある。また、病気は本人だけでなく、周囲の人間によっても経験される。家族は、看病や介護をとおして病気に関わることになり、彼らの生活や将来にも影響が及ぶかもしれない。

このように、私たちは不快な症状を感じ、その原因を考え、何らかの対処行動をとる。そして、その過程においては、本人と医療従事者のみならず、家族、友人、職場の同僚やコミュニティなどとも関わりながら病気はさまざまに経験されていくのである。

1-2　疾病、病い、病気

ところで、世界中のどこの病院にも同じ病名の患者はいるが、痛みの訴え方や対処の仕方、病気の意味には違いがみられ、病気の経験は個別的なものである。このことを表すために、医療人類学では疾病と病いという語を区別して用いてきた。

アラン・ヤングによる**疾病**（disease）、**病い**（illness）、**病気**（sickness）の説明は次のとおりである。疾病とは、臓器や臓器システムの構造や機能における異常を表す。それは文化的に認識されているかいないかにかかわらず病理学上の状態であり、生物医療モデルの舞台である。病いとは、人間の、疾病を含む（しかし、疾病に限定されない）社会的に否定的価値を帯びた特定の状態の知覚と経験を表す。病気は、疾病や病いを含む出来事を名づける包括的な語である［Young 1982:

264-265]。

つまり、病者の生物的身体に注目したもの、近代医療の専門家が扱う対象が疾病であり、病者の経験に注目したもの、一般の人々にとっての不快な状態が病いである。また、疾病と病いは重なることもあるが、必ずしも一致するものではない。例えば、ある人が身体の不調を訴えて病院で医師の診察を受けたとしよう。そして、診察や検査の結果、どこにも異常はなく、疾病と認められなかったとする。しかし、病者本人は不調を感じており、彼にとって病いは確かに経験されている。このような場合、病いであって疾病でないといえる。ただし、疾病と病いという分け方は、病的な状態が二つに分類できるということではなく、二つの異なった見方ができるということであり、これらは現象を解釈するためのモデルであって実体概念ではないことに注意しておく必要がある。

以下では、病気の原因と対処法について概観したうえでタイにおける具体的事例を紹介し、病気（病い）をめぐる異文化理解のための視点を提示する。

2　病気の原因

病気はなぜ、どのように引き起こされるのか。病気の原因についての知識のことを病因論というが、この病因論には近代医療における細菌やウィルスの働きのようなものだけでなく、時代によって、また地域によってさまざまなものがみられる。

2-1　さまざまな病因論

身体を構成する要素の不均衡

古代ギリシアの医学では、身体を構成する血液、粘液、黒胆汁、黄胆汁の四つの体液のバランスが崩れることで病気が生じると考えられた（体液理論）。同様に、このような要素間、あるいは性質の間の不均衡が病気をもたらすという考え方は、その他の地域の伝統医療にも広くみられるものである。例えば、南米における熱／冷、中国医学における陰／陽、インドやスリランカを中心とした地域で行われているアーユルヴェーダの理論的核であるヴァータ（vata，風）、ピッタ（pitta，胆汁）、カパ（kapha，痰）などをあげることができる。中国とインドのあいだに位置し、古くから文化的影響を受けてきた東南アジアのタイ医療においても、ディン（din，土）、ナーム（nam，水）、ロム（lom，風）、ファイ（fai，火）という身体を構成する四つのタート（大素）の不均衡によって病気が引き起こされるとする病因論がある。

また、このような抽象的な要素によって身体を捉えるのとは違って、より具体的に、解剖学的、生理学的な視点から身体を捉え、病気を説明する人々もいる。これについて河合香吏が行った東アフリカの牧畜民チャムスについての研究を取り上げたい［河合 1998］。

解剖学的・生理学的な視点からの病気理解

東アフリカの牧畜民は飼っている家畜が死ぬと、解体に際して体内の病的所見をとりわけ気にしながら詳細に観察する。ミルクを主食とする牧畜民にとって、家畜は生きていてこそ価値があり、その大事な家畜が死んだのはなぜか、という問題は彼らにとって重要な関心事だという。そうして家畜の身体から得られた解剖学的知識は、人々がみずからの身体内部に対して抱くイメージにも影響を与えている。チャムスの人々は、病状を説明する際、身体の特定の部位に生じている現象をきわめて即物的に表現する。例えば、肝臓の腫れと痛みについては次のようである。「ンクウェー（頭）が火をおこした、モニュワ（肝臓）がきて、ンタヌン（脾臓）とくっついた、そしてモニュワ（肝臓）はくりかえし、（ものが）ぶつかっている、ぶつかってぶつかって……、ひどくぶつかっている、ンケジェック（脚）も痛む」。ここでは、頭、肝臓、脾臓、脚にわたって、それぞれの症状が説明されており、まず「頭が火をおこした」という言い方から、頭痛などをともなう高熱発熱の状態が考えられる。次に「肝臓がきて」、「脾臓とくっついた」については、肝臓や脾臓は本来、肋骨の内側におさまっているものなのだが、それが肋骨の下にまで出てきてくっついてしまっており、異常な状態なのだという。肝臓や脾臓が膨れたりのびたりするときには、内部には血液が大量に溜まっているといわれる。そして、「ぶつかっている」肝臓の状態とは、なかで血液が跳ねている状態だという。なお、原文では、頭や肝臓は三人称単数の主語となっている。このように、肝臓と脾臓の状態は、解剖学的、および器官生理学的な知識に基づいて語られており、内部で「実際に」起こっていることを描写したものととらえることが可能な言い方になっている［河合 1998：82-83］。

精霊や呪術などの超自然的な力

さらに、チャムスの事例とは対照的に、病気を生じさせる原因の一つとして超自然的な力が信じられている社会も多い。多民族が混住するインドネシア・北スマトラの民俗治療者について調査した吉田正紀によると［吉田 2000］、そこでは精霊の攻撃や邪術によって生じると信じられている病気があり、その代表的なものに「サキット・ポロン」とよばれるものがある。サキット・ポロンは霊的憑依あるいはヒステリーの一種であり、その典型的な症状は、無意識のまま理解不能な言葉を喋り続けたり、結婚式のときに突然走り回ったり、木に登ったり、衣服を脱いだり異常に高揚した行動となって現れたりする。サキット・ポロンの犠牲者は若い女性に多いとされているが、実際には老若男女にみられ、表面的には霊的憑依にみえても、人間関係のもつれなどから嫉妬や恨みをかい、邪術の対象となった例も多いという。人々は患者がそのいくつかの特徴的な症状からサキット・ポロンに襲われたらしいという文化的な判断を下し、近代医療のクリニックへは行かずに近隣のドゥクンとよばれる民俗治療者の治療を受ける。サキット・ポロンを治療できるのはドゥクンだけだと考えられており、ドゥクンは呪術的な方法で精霊に対処し患者の失われた精神的肉体的平衡を再生しようとする［吉田 2000：131-132, 144-156］。

以上、三つの例をあげて述べてきたが、病気の原因についての説明の仕方は幅広く、そこには文化に独自の病因論も存在する。

2-2　病因論の二つの体系

ジョージ・フォスターとバーバラ・アンダーソンは、そうしたさまざまな病因論に二つの区分を見出している。すなわち、**パーソナリスティックな体系**と**ナチュラリスティックな体系**である［フォスターとアンダーソン 1987：72-102］。

パーソナリスティックな体系には、例えば神、祖先の霊、悪霊、呪術師や邪術師のような意図をもった人格的存在が干渉してくることで病気が引き起こされると説明される病因論が分類される。他方、ナチュラリスティックな体系には、病気が非人格的な用語で説明される前述の体液理論のような身体の平衡モデルに基づく病因論や生物医療などがあてはまる。

なお、これら二つの病因論体系は相互排他的なものではなく、一つの社会で両方の体系がみられることもあるが、人々はどちらかに重点を置いて病気を説明する。例えば、ふだんはナチュラリスティックな病因論体系で病気を捉えている私たちでも、時には病気の原因についての「なぜ」に答えてくれるパーソナリスティックな病因論体系に思いを巡らせることもあるだろう。若くして重篤な病気に見舞われた際、遺伝子や環境要因から病気の原因を考え、一応は納得することができるかもしれない。

しかし、頭では納得したつもりであっても、病気の現実を受け入れることはそう簡単なことではないだろう。そうして葛藤をかかえたとき、人は「なぜ、病気にかかったのか」「なぜ、私なのか」と他の原因を考えてしまうものなのかもしれない。

3　病気への対処法

病気の原因に対する考え方が多様であるならば、当然のことながら、それに対処する方法もまた多様である。前述したサキット・ポロンの事例では近代医療の医師ではなく民俗治療者ドゥクンに治療を求めたように、人々は特定の症状や病気に対してどの治療法や治療者が適切であるかを考え、選択している。治療者は近代医療の医療従事者だけではない。どの社会にも病気の治療や健康維持に関する複数の方法があり、人々はそれらのあいだで治療を求め、また健康増進を図っている。

3-1　医療多元論

医療多元論（medical pluralism）とは、このように一つの社会に複数の医療システムが多様に、また多層的に存在し、人々がそれらのあいだを横断して治療を求めていることを表す概念である。医療多元論の視点を取り入れることによって、病気治療と健康維持をめぐる人々の行動を広く捉えることが可能になる。例えば、現代日本社会に暮らす私たちでも、病気の際にとっている行動は近代医療による治療ばかりとは限らない。入院患者のベッドサイドに神社で手術の成功を祈願し購入した病気平癒のお守りがぶら下がっているのを見かけることがあるし、慢性的な痛みをかかえる人が、病院での治療と並行して、接骨医院やマッサージ師のもとへ通ったり、症状の緩和に効果があるとインターネットで見つけた薬草茶やサプリメントを飲んだりすることもあるだろう。医療多元論は、近代医療以外の治療法や健康維持法を近代医療と同じ地平で論じることによって、近代医療を相対化して捉える視点を提供する。したがって、文化相対主義の考え方にも通ずるものである。

3-2　ヘルスケア提供者の種類と治療行動のパターン——クラインマンのモデル

医療多元論的アプローチをとっている研究のなかでよく知られたものに、台湾での調査をもとにしたアーサー・クラインマンによる概念モデルがある［クラインマン 1992］。このモデルにおいて、地域のヘルスケア・システムの内部構造はオーバーラップする三つのセクター、すなわち民間セクター（popular sector）、専門職セクター（professional sector）、民俗セクター（folk sector）からなっており、ヘルスケア提供者は種類によってこれら三つのセクターに分けられる。民間セクターは、個人、家族、社会的ネットワーク、地域社会の信念と活動を内に含む一つのマトリックスと考えることができ、それは職業でなく、専門家が動くのでもない、素人の民間文化の場である。人が最初に病気に出くわすのは家庭であり、多くの病気エピソードは病者本人と家族による自己治療によって民間セクター内で処理される。専門職セクターは、組織された治療専門職からなり、近代医療と、社会によっては職業化した地域固有の医療システム、例えば中国医療やアーユルヴェーダなども含まれる。民俗セクターは、非専門職的、非官僚的な専門家からなり、一部は専門職セクターと密接に関連し、大部分は民間セクターと関わっており、徐々に他の二つのセクターに融合していく。民俗セクターには、例えば接骨師、薬草師、シャーマン、占い師などが含まれる［クラインマン 1992：53-65］。

また、クラインマンはこのような複数の医療システムのあいだで人々がどのように治療行動を決定しているのかという点についても検討し、三つの主要なパターンとして、⑴ 同時的依存、⑵ 階層的依存（単独）、⑶ 階層的依存（複合）があることを明らかにしている。

病気になるとほとんどの場合、まず病者本人か家族が対処し、それでも回復しなければ家族や友人など社会的ネットワーク内のメンバーのアドヴァイスを参考にしつつ、専門職セクターか民俗セクターの治療者が頼られる。その際、同時的依存という対処パターンは、同時に複数の治療選択肢を利用するもので、重篤な子どもの病気によくみられた。そして、階層的依存（単独）は治療者を次々と変更しながら利用していくもので、急性だが致命的ではない成人の病気によくみられた。いわば「こっちがダメならあっち、あっちがダメならそっち」といった具合である。最後に、階層的依存（複合）は、先に受けた治療を継続しつつ、同時に他の治療も次々と利用していくもので、慢性・再発性の成人の病気が代表例であった。例えば、近代医療における治療を継続しつつ中国医療を併用したり、さらにその一部を継続しつつ宗教的治療者を併用したりするような場合である。そして、人々の行動の決定要因には、症状のタイプと重さ、病気の経過、病者役割のタイプ、病因論、治療法の評価、病者や家族の属性、都市か地方か、治療資源への距離、病者の社会的ネットワークなどがあるという［クラインマン 1992：195-215］。

これらの行動パターンは、調査期間や調査地が異なる2000年代半ばの北タイ農村においてもみることができた。次節では具体的事例をとおして理解を深めていこう。

4　北タイ農村における病気と文化

ここまで病気の原因についての考え方および対処法の多様性について述べてきた。それらをふまえたうえで本節では、筆者が2005年から現在に至るまで断続的にフィールドワークを行ってきた北タイ・チェンマイ県の農村における具体的事例を紹介する。

4-1　地域における医療資源の概要

治療行動の詳細に入る前に背景情報として、人々が利用し得る医療資源の概要について述べておく必要があるだろう。まず自己治療における薬の入手先として、村内の雑貨店、隣郡の薬局や薬の行商人をあげることができる。人々は症状に見舞われた際、しばしば解熱鎮痛剤、胃薬、ビタミン剤、チンキや市販の生薬などを彼らから購入し利用している。また、家の軒先で手製の煎じ薬を販売している村人もおり、彼の薬を求める人もいる。

次に身近な政府系医療機関として、行政区保健所（看護師と保健師が常駐）や郡病院（医師、看護師、薬剤師、タイ医療の医師、タイ医療のマッサージ師が常駐）がある。多くの村人は国民健康保険制度によって無料で治療を受けることができるこれら二つの医療機関を利用し、より重篤な場合には医師の紹介を受けてチェンマイ市内にあるチェンマイ大学医学部付属病院で治療を受ける（その場合も治療費はかからない）。経済的にゆとりがある人や勤務先あるいは民間の保険に加入している人のなかには隣の郡にある私立のクリニックやチェンマイ市内の私立病院を利用する人もいる。

その他には、僧侶、呪術師、民間治療師（4-3で後述）、マッサージ師、霊媒や蒸し器の霊の祭司（4-2で後述）のような土着の治療者も病気への対処の過程で利用されることがある。なお、かつては鎮痛剤を注射する一般の村人もいたが、現在は健康上の相談にのるくらいで注射はしていない。

このような医療資源のあいだで、病気の際、人々はどのような治療行動をとっているのだろうか。具体的な病気のエピソードをみていこう。

4-2　子どもの発熱

はじめに取り上げるのは、生後8か月の子ども（男児）の発熱の事例である。2006年8月のある日、「元気がなく身体が熱い」と子どもの異常に気づいた母親は、幼い息子を自分の姉とともに郡病院へ連れて行った。医師に診察してもらい、解熱剤が処方されると、それを持って帰宅した。しかし、自宅でしばらく様子をみたものの、「また熱が出た。薬が効かない」ということで、母親は再び子どもを郡病院へ連れて行くことにした。症状が重かったため、そのまま子どもは両親と母方の祖母に付き添われて入院することとなった。翌日、子どもの入院中に、母親の二人の姉は村の霊媒を訪ねて、病気の原因を聞くことにした。ところが、霊媒は「今、神霊は向こうの方へ踊りに行っているため降りてこない」と言って依頼を断ったため、彼女たちは同じ村の別の女性を訪ねて蒸し器の霊に病気の原因を訊いてもらうことにした。

北タイではもち米が主食であり、毎朝、一家の主婦は家族全員がその日に食べる分のもち米を蒸し器で蒸し、専用の飯籠に保存するのが日課となっている。そして、その蒸し器には霊が宿ると信じられており、この女性はその霊から託宣を受けることができる人物である。彼女たちは、二層になった蒸し器を前にして、花、線香2本、ポップライスと米をバナナの葉で三角錐の形に包んだスアイ・ドークとよばれるものと12バーツを供物として捧げ、さっそく蒸し器の霊に子どもの発熱の原因を訊いてもらう（**図11-1**）。

このとき、引き出された答えは、「ウイ・モン（曾祖父か曾祖母のこと）がちょっかいを出している」ということであった。それを聞いた彼女たちは、ウイ・モンとは誰のことかを話し合い、「あぁ、あの100歳過ぎてから死んだばあさんだ」と合点がいった様子であった。祭司の女性は続けて蒸し器の霊に訊ね、「ウイ・モンが話しかけてきている。寺で3日間か7日間、食事を僧侶に供養したらいい。夕方、子どもの顔に米をつけること」と告げた。彼女たちが米をつけるのは何時

図11-1　蒸し器と儀礼の道具

がよいかと訊いてもらうと、「6時がいい」との答えであった。

それを聞いた二人は、子どもが入院している郡病院へ行き、自分たちの母親、つまり子どもにとっての祖母にそのことを報告した。そして、祖母はもち米を丸めて子どものおでこ、ほほ、あご、手足などにポンポンとあて、「○○の熱が下がって元気になりますように」と小声で願い事を唱えた。それから、離乳食を食べさせてしばらくすると、熱はまだあるものの両手を激しく動かして遊んでいる子どもの様子をみて、「遊ばなくなっていたのに、ごはんをつけてからは遊べるようになった」という。さらにその翌日、2晩の入院を経て、熱はまだ下がりきらないけれど前日よりも良くなったということで、子どもは退院し、帰宅した。

この事例では、治療の過程において、郡病院、霊媒、蒸し器の霊の祭司という三つが選択され、同時に利用されている。また、治療法の選択、決定および評価は子どもの両親、母方の伯母二人と祖母という母方の女性親族を中心に行われているが、彼女たちは子どもを回復させた要因が何かは追究していない。病院での治療が効いたのか、蒸し器の霊が告げたとおりにしたのがよかったのか、あるいはその両方なのか。いずれにしても、重要なのは何が効いたかよりも治ったという事実であり、こうした経験の蓄積はその治療法に対する肯定的な評価としてその後の選択にも反映されていく。

4-3　慢性的な病気

次に取り上げるのは、慢性的な病気をかかえた人の事例である［古谷 2011］。伝統的に、生薬、食事についての助言、マッサージや儀礼などによって人々の病いを癒してきたタイの民間治療師は、特に1990年代以降、再び社会における役割を取り戻してきた。今日、治療師の一部は地域社会や社会階層を超えた多様なクライアントに対応している。また、治療師の技法は多岐にわたり、心と身体の両方に働きかける全体的なものだが、そうした治療技法のなかでも生薬は、慢性の病気をかかえた人々によってしばしば利用されている（**図11-2**）。

60歳代のある男性は、2005年12月にのどが痛くて声が出ず、話せなくなった。当初は行政区の保健所に行き、抗炎症剤と鎮痛剤をもらって服用していたが、一向に良くならないので、郡病院、そして隣郡のクリニックへ行き治療を受けることにした。しかし、それらの医療機関では原因がはっきりせず、最終的にマハーラート病院（チェンマイ大学医学部付属病院）へ行くことになった。マハーラート病院では、内視鏡でのどにできたかたまりを発見し、一部をそのまま切除した。そのとき、原因ががんであったことは本人には知らされなかったが、家族には医師から「余命1か月」だと告げられたという。それから毎月、病院に3晩入院し、

図11-2　治療師の薬小屋の内部

抗がん剤投与と放射線治療を受けるようになった。診断後、病院での治療を開始する前に抜歯をして自宅で休んでいる頃、近隣寺院の僧侶に紹介されて治療師の薬を飲むようになった。すると、他の患者はみんな治療の副作用で髪が抜けたが、自分は抜けなかったという。

このことについて治療師は「化学物質からの熱を抑えるのを助けたのだ」と説明する。放射線治療は月に2回、全部で31回受け、その後は半年に一度検査を受けて様子をみている。聞き取りを行った2009年9月時点では、治療師が調合した粉薬を毎日2種類、3食後と就寝前に飲んでおり、その他には一切治療を受けていなかった。彼は「病院で治療を受けてからナム・プー（沢蟹を煮詰めてつくる調味料）の入ったおかずを食べたら全身に発疹がでてしまった。でも、今は何でも食べられる」と言い、生薬による治療と安定した体調に満足している。薬は治療師の自宅まで自分でバイクを運転して取りに行っている。

この事例のように、がん、HIV/AIDS、痛風、糖尿病、痔、皮膚病など、慢性的な病気や痛みをかかえ生薬を目的として治療師に連絡してくる人の多くは、近代医療における診断や治療を受けてから、さらに他の治療選択肢を模索する過程で治療師の薬を利用している。そのため、治療師は近代医療における病名を聞き、それを民間医療の文脈で翻訳したり新たに解釈したりしながら薬をつくったり選んだりしている。タイ社会において、今日、中央で制度化された伝統医療（タイ医療）や地方の民間医療は、近代医療を補完する選択肢の一つとして人々に利用されているといえるだろう。

5　おわりに――病気をめぐる異文化理解へむけて

病気の経験の仕方は社会や文化によって多様である。病気の原因に対する考え方や治療行動のすべてにおいて、ここで取り上げた事例から異文化の特殊性を感じた人は多いだろう。なかには、彼らがやっていることは非科学的であり、自分は近代医療機関以外では治療を受けたりしないと考える人もいるかもしれない。

しかし、注意しなくてはならないのは、同じ社会や文化に属するからといってすべての人が同様の経験をするわけではないということである。病むという経験は個人によっても異なる独自のものである。例えば、北タイの農村においても、病気のときに霊媒を訪ねて病気の原因を訊こうとする人もいれば、霊媒はインチキだと考えている人もいる。また、生薬やマッサージを好んで利用する人もいれば、まったく利用しない人もいる。問われるべきは、自分たちの文化と彼らの文化との関係ではなく、むしろ異なる医療システムのあいだの関係ではないだろうか。タイにおける慢性的な病気の事例でみたように、近代医療との関係において民間医療は柔軟に変化し、治療が難しい病者の受け皿にもなっており、ここに異なる文化をもつ医療システムが共存する可能性がみとめられるのである。

参考文献

[1] 池田光穂・奥野克巳編，2007『医療人類学のレッスン——病いをめぐる文化を探る』学陽書房．

[2] 医療人類学研究会編，1992『文化現象としての医療——「医と時代」を読み解くキーワード集』メディカ出版．

[3] 河合香吏，1998『野の医療——牧畜民チャムスの身体世界』東京大学出版会．

[4] クラインマン，A.，1992『臨床人類学——文化のなかの病者と治療者』大橋英寿他訳，弘文堂（原著：1980）．

[5] 古谷伸子，2011「薬が媒介する関係性——北タイの民間治療師とクライアントをつなぐ薬」西井凉子（編著）『時間の人類学——情動・自然・社会空間』世界思想社，pp.182-203．

[6] ハルドン，A. 他，2004『保健と医療の人類学——調査研究の手引き』石川信克・尾崎敬子監訳，世界思想社（原著：2001）．

[7] フォスター，G. M.・アンダーソン，B. G.，1987『医療人類学』中川米造訳，リブロポート（原著：1978）．

[8] 吉田正紀，2000『民俗医療の人類学——東南アジアの医療システム』古今書院．

[9] Young, A., 1982 "The Anthropologies of Illness and Sickness", *Annual Review of Anthropology* 11, pp.257-285.

第12章

つくられる「男らしさ」「女らしさ」
ジェンダーと身体の構築性

飯國　有佳子

私たちは他者と初めて出会うとき、それまでの経験や情報をもとに、どう付き合うかを考える。その際の最も大きな指標の一つに性がある。相手が男性か女性かによって、友達として見るのか、あるいは性的対象として見るのか、付き合い方が変わることもあるからだ。一般に、男性あるいは女性の身体的特徴をもつ人は、自分を男性あるいは女性だと認識し、自分と異なる性別の人を好きになることが「普通」とされる。しかし、身体の性別と自己認識が異なる人や、同性を好きになる人も多く存在する。では、「普通」とは一体何なのか、そもそも男と女はどこまで異なるものなのか。本章では、本来多様な性に関する認識が、いかに男女の二項を軸につくりあげられるのか、そして「普通」というマジョリティの考え方が、マイノリティをいかに排除していくのかについて考えていく。

1　はじめに

近頃テレビを中心とするメディアで、「オネエ系」「女装家」「ドラァグクイーン」[1)]を自称するタレントをみない日はない。いわゆる「オネエ系」の範疇に含まれる人々は多様であり、見た目や服装、話し方などが女性にしかみえない人や、女性よりよほど女性らしい人がいる一方で、見た目は男性だが、立ち居振る舞いのなかに「女らしさ」がにじみ出るだけという人や、立ち居振る舞いは女性らしいが、性的指向は異性といった人もいる。また、こうした人々とは別に、性同一

1) 男性の同性愛者や両性愛者を中心に、厚化粧や豪華な衣装をまとい女性を過剰に演じることで、既存の性役割や同性愛的指向に理解を示さない人々を風刺する人。

性障害を自認し、性別適合手術を受けて、元男性であることで個別化を図る女性タレントや元男性であることを一時期に隠していた女性モデルもいる。

生物学的な性別に対して割り振られた社会・文化的な性別や規範に違和感を感じ、いわゆる男／女という枠組みを超える人々は、**トランスジェンダー**と総称される。しかし、その中には、身体の性別と「心の性別」の食い違いにより「障害」を感じる性同一性障害の人や、身体を「心の性別」に一致させるため形成外科手術を強く希望するトランスセクシャルの人、身体と「心の性別」に違和感は感じつつも、形成外科手術までは望まない狭義の「トランスジェンダー」の人、身体と心の性別に違和感はないものの異性装を好む人（「トランスヴェスタイト」「クロスドレッサー」）などが含まれる（**図12-1**）。つまり、ヒトの性別に対する認識は、トランスジェンダーという一言では、到底捉えきれないほど多様なのである。

こうした自分自身をどう認識するかということとは別に、誰（何）を好きになるか・ならないかといった性的指向を軸とした見方も存在する。自分を男性（女性）と認識する人が、女性（男性）を恋愛対象とする場合は異性愛、女性（男性）という自己認識をもつ人で女性（男性）に性的魅力を感じる場合は同性愛となり、好きになれば相手の性別は問わないという両性愛や、性欲がないアセクシャルもある。性的指向は身体の性別ではなく、性自認を基盤とするため、トランスジェンダーの同性愛者で、身体の性が女性で自分自身を男性であると認識する人が男性を好きになる場合には、同性愛者となる。

このように、性に関する認識や指向はきわめて多様であるが、現代日本では、戸籍上の性や養育上の性、社会・文化的に期待される性役割が身体の性と一致するかたちで、男か女かのいずれかに振り分けられ、異性を愛することが「普通」であるとされる。そのため、トランスジェンダーや異性愛以外の性的指向をもつ

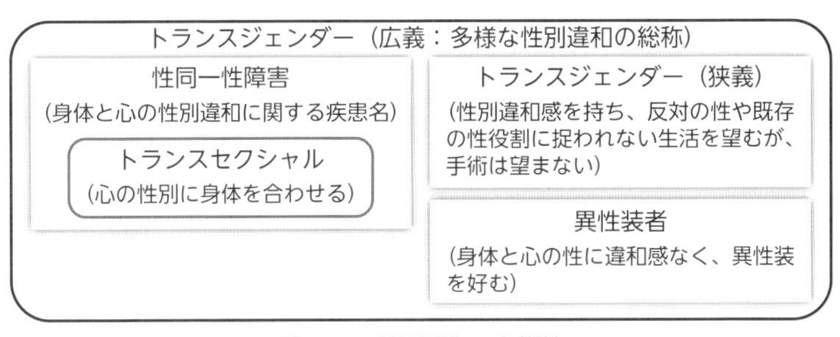

図12-1　性別違和の多様性

人々は、「普通」という押しつけのなかで生きづらさを感じる点で共通することから、「**性的マイノリティ**」と総称される。しかし、こうした多様性をふまえれば、なぜ世の中は男と女の二項で構成されているのか、こうした見方はどこまで正しいのか、そもそも男と女を異なるものとして隔てる境界線はどこにあるのか、一体私たちは何をもって、「男らしい」「女らしい」という判断をしているのかなど、さまざまな疑問が生じる。

そこで本章では、生物学的性別と社会・文化的性別を軸に、これらがいかに社会や文化の中で構築されるのかを、具体的事例から考えていく。

2　つくられる「男らしさ」「女らしさ」

前節で述べたように、性に関する事象は大変複雑である。こうした、複雑な現実を理解するために、生物学上（身体）の性別と社会・文化的な性別をいったん切り分けて考えようとする見方がある。生物学上の性別は「**セックス**」とよばれ、「男らしさ」や「女らしさ」のように、性別に応じて付与される役割や規範といった社会・文化的な性別は「**ジェンダー**」とよばれる。これらに性的指向「**セクシュアリティ**」を加え、ヒトの性に関する事柄を理解しようという試みがなされている。以下では、これらのうちジェンダーを中心に、具体的事例から「男らしさ」や「女らしさ」について考えてみたい。

図12-2は、ミャンマーの軍人が僧侶に拝謁したときのものである。日本の大学生にこの写真を見てもらい、気づいた点はないですかと聞くと、「奥の方の軍人が、『女すわり』しているのがなんかヘン」と「違和感」を口にする人が多かった。

図12-2　僧侶に寄進を行うミャンマー陸軍・海軍・空軍の有志（出典：*the Global New Light of Myanmar* 2016年8月22日より）

軍人といえば、武器を持って敵と戦う、最も「男らしい」職業の一つというイメージがある。にもかかわらず、現代の日本社会で「女らしい」あるいは女性の座り方とされる

「横座り」を、「男らしい」はずの軍人がしている。写真の「違和感」は、現代日本文化の影響を受けた人が、自文化中心主義的な視点で写真を見た結果、生じたということができるだろう。

しかし、当該社会では「横座り」に対し、異なる意味づけがなされている。ミャンマーでは、ブッダの時代により近い仏教の在り方を今に伝えるとされる「上座仏教」が信仰されている。上座仏教徒にとって、僧侶はブッダの教えを体現し、悟りを目指して禁欲的に修行する尊い存在である。そのため、普段の生活では男女ともにあぐらをかくことが多いが、僧侶の前ではあぐらではなく「横座り」をすることで敬意を示す。ちなみに、ミャンマーと同じ上座仏教を信仰するタイでも、僧侶や王族の前では敬意を示すため「横座り」をする。つまり、ミャンマーやタイの上座仏教徒にとっては、敬意を示すべき人の前で「横座り」しないことのほうが、奇異に映ることとなる。

この事例は、「座る」という身体的行為とその行為の伝達する意味が、社会や文化によって異なることを示している。同時に、何が「女らしい」行為で、何が「男らしさ」を象徴するのかは、社会や文化、時代によって異なることも示している。普段私たちは「横座り」という行為に特別な注意を払っているわけではない。しかし、日本では、「横座り」は知らないうちにジェンダー化されているため、男性が「横座り」するのを目の当たりにすると、「違和感」を感じる。つまり、「男らしさ」や「女らしさ」とは、人類に普遍的なものではなく、特定の社会や文化、時代の中でしか通用しない、つくり上げられたものなのだ。

また、この事例は、ジェンダー規範が目に見えないかたちで、日常生活のなかに張り巡らされていることも示している。多くの人は、生物学上の性別に対して付与されたジェンダーに則った実践を「当たり前」のことと捉え、普段から「これは男あるいは女らしい行為か否か」といった事柄を考えることなく、無意識にジェンダー秩序や規範に則った実践を行っている。この場合、ジェンダーは意識的に取り上げられない限り、存在しないも同然といえる。しかし、ミャンマーやタイといった異文化の事例や、すでに述べた**性的マイノリティ**の実践は、異性愛を基盤とする現代日本社会にとっての「当たり前」が、生物学上の身体に本質的に備わるものではなく、実はつくられたものであることを暴く。それは同時に、性的マジョリティが普段意識せず「普通」「当たり前」として行っている事柄を意識化し、それらが果たして本当に「当たり前」なのかを問い直す契機にもなり得るのである。

3　身体の多様性

以上、「女らしさ」や「男らしさ」は、女性や男性の身体をもつ者に本質的に備わる性質ではなく、社会や文化の中で構築されていることがわかった。しかし、生物学上の性別に関しては、やはり男と女は明らかに違うという人もいるだろう。ところが、生物学的性差も、実は明瞭に男女に二分できるわけではない。

例えば、男女の身体的差異をつくり出す、大きな要素の一つに性ホルモンがある。男性ホルモンともよばれるテストステロンは、筋肉を増やし、骨格を発達させる機能をもつため、その分泌の多い男性は「男らしい」体つきになる。しかし、これは一般の女性でも、少量ながら分泌されている。

南アフリカのキャスター・セメンヤ選手は、2016年リオデジャネイロ・オリンピックの陸上女子800mで、金メダルを獲得したことで知られる（**図12-3**）。彼女は2009年の第12回世界選手権ベルリン大会でも金メダルを獲得したが、その際、前回大会金メダリストに大差をつけて圧勝したことや、筋肉質な体、低い声などから性別を疑われ、国際陸上競技連盟（IAAF）による医学的な性別テストを受けさせられた。IAAFはセメンヤ選手と調査結果を機密扱いにすることで合意したにもかかわらず、彼女が男女両方の特徴をもち、子宮や卵巣はないものの、体内に精巣をもつことから、一般的な女性の3倍のテストステロン（男性ホルモン）を分泌する体であることが新聞で報じられた（*Daily Telegraph*）。

図12-3　2016年リオデジャネイロ・オリンピック女子800mで優勝したセメンヤ選手（中央）
（出典：『朝日新聞』2016年8月22日）

女子選手にとって、筋肉増強剤として働くテストステロンの意図的な摂取は、ドーピング違反になる。ところが、彼女の場合は意図的な摂取はしておらず、自然な状態でテストステロンの分泌が多いという特異な体質をもつだけである。しかし、これが問題視されたことで、彼女は非公式に以後の競技大会への出場自粛を求められた。これまでにもセメンヤ選手のような、両性具有や男性ホルモン過多症の女子選手はいたが、競技後に「女性としての特徴をもたない」としてメダルを剥奪されたり、密かに選手生命を絶たれるケースが多く、彼女のように法廷闘争をも辞さない姿勢をみせる人は少なかった。

最終的に、IAAF が女性として競技に復帰することを2010年に認めたことで、彼女は2016年リオデジャネイロ・オリンピックで南アフリカの旗手という大役を務め、金メダルにも輝いた（『朝日新聞』）。幼いころから女性として育てられ、女性としての性自認をもつ彼女にとって、女子800m で獲得した金メダルは、男と疑われ、数々の心ない中傷に耐えながら獲得した、女性としての証明といえるだろう。

この事例から、男女の身体的違いだけでなく、成長に個人差がみられるのは、こうした性ホルモンの分泌量やバランスの違いによるところが大きく、いずれかの性ホルモンしか分泌されない「完全な」男性や女性は存在し得ないといえる。また、性染色体は男性であれば XY、女性であれば XX となるが、性染色体が XXY の人、染色体の性と見た目の性が異なる人、外性器と内性器の性が一致しない人、男性器と女性器の双方の特徴をもつ人もいる。ここから、多様性に満ちたヒトの身体は、単純に男（オス）と女（メス）に単純に切り分けられるものではなく、グラデーション状になっていると考えるべきだろう。

さらに、セメンヤ選手の事例は、スポーツにおける男性と女性に対する対応の差を示している。彼女のように、女子選手が驚異的な記録を出せば疑いの目でみられ、性別テストをはじめとするさまざまな屈辱により、選手生命のみならずその後の人生まで壊されることもある。一方、男子選手の場合、「人類初の9秒台」というように、その驚異的な記録は人類全体の進歩の証と捉えられ、ウサイン・ボルト選手のような圧倒的な強さを誇る選手が、何らかの特異体質であったとしても、彼の特異な身体的機能そのものは称賛されこそすれ、疑問視されることはない。体力的に劣る女子選手の場合、不公平になるという意見も根強くあるが、なぜ特異体質をもつ女子選手だけが、性別テストというかたちで特に疑いのまなざしを向けられるのかは、問われるべきではないだろうか。

ところで、セメンヤ選手のような例は特殊な事例であり、やはり男女の身体は本質的に異なると考える人もいるだろう。しかし、ジュディス・バトラーが、男女を「対照的な性」として捉える西洋の考え方は、異性愛カップルを基盤とする西洋近代文化の影響を受けたものであるとするように［バトラー 1999］、身体に対する意味づけは、時代や社会、文化によって大きく異なる。実際、19世紀まで西洋社会では男と女の身体は同じであり、両者の違いは、発達の度合いの違いと認識されていた［ラカー 1998］。そもそも、身体が発達し生活するための条件となる食料の分配や、仕事や教育、医療など、社会構造そのものはすでにジェンダー化されている。したがって、そこに配置される個々の身体は、ジェンダー化された社会構造の影響を不可避的に受けるため、身体的性差は単に身体の特性からのみ生じるものとは考えられないと、コンネルは指摘する［コンネル 2006］。

ここから身体は、本来多様であるにもかかわらず、男（オス）と女（メス）の二項に振り分けられ、「男」あるいは「女」としてつくり上げられているといえる。

4　日常生活におけるジェンダーの構築

これまで、**ジェンダー**（社会・文化的な性差）だけでなく、**セックス**（生物学上の性差）も社会や文化の中で構築されることを示してきた。では、これらはどのようにつくり上げられるのだろうか。以下、ジェンダーに焦点を絞り、それがいかに構築されるのかを考えてみよう。

ジェンダーは日常の社会生活の中で実践されることを通して構築されるが、「これがジェンダーに関する実践である」というような特別な実践が行われるわけではない。本章2節で示した身体的行為の事例のように、表面上はジェンダーとはまったく異なる行為や会話といった、日常生活における実践を通じて、ジェンダーは構築される。

例えば、ミャンマーの仏教徒の間では、出家をめぐる男女の差別化がみられる。出家は男性に限られるため、男性は女性より宗教的、精神的に優れているとされるが、こうした言説は「輪廻転生の中で、現世で人間の男性として生まれた者は、人間の女性として生まれた者より、過去世において多くの功徳を積んだ結果、男性としての生を受けた」というように、仏教教義を引き合いに出して正当化されることが多い。しかし、上座仏教徒社会におけるジェンダーをめぐる言説には、相互に矛盾するような多種多様な言説が存在する。例えば「天人1人に、天女500人」という諺は、天界に生まれ変わるほど熱心に積徳行為を行うのは、ほとんどが女性であることを示している。こうしたジェンダーに関連する言説は、日常生活の中で具体的に実践されることによってはじめて意味をもつ。

ミャンマーにおける女性の身体をめぐる言説と実践

2001年から03年にかけて、筆者が現地調査を行ったミャンマーの村落では、家の中で最も聖なる空間は、「家表」とよばれる客間としても用いられる仏壇の置かれた仏間であった。ここは男性の眠る場所とされ、特に閉経していない生殖能力をもつ女性が眠るのは憚られていた。「家表」に対し、西の方角あるいは家の裏側は「家裏」とよばれるが、こうした区別が日常生活の中で最も顕著になったのは、「タメイン」とよばれる女性用腰巻の取り扱いを巡ってであった。

タメインにより象徴される経血との接触は、男性の身体に多く備わる、目に見えない「ポン」(徳) を減じるとされるため、筆者が洗濯をする際には、必ず女性用腰巻専用の桶とその他の洗濯物用の桶の二つが渡され、面倒でも必ず別々に洗わなければならなかった。一度、うっかりその他用の桶で女性用腰巻を洗ってしまったことがあったが、筆者が間違って使ってしまった桶は、以後女性用腰巻洗濯用の桶として使われすぐにその他用の新たな桶が買われた。

同様に、洗濯物を干す際にも細心の注意が払われる。上着や男性の腰巻はどこに干しても構わないが、女性用腰巻はどんなにきれいに洗ったとしても、人の出入りの少ない家裏の、壁に沿った低い場所に干すよう、念入りに注意された。というのも、その家には小さな男の子がおり、男の子が遊びに夢中になって、うっかりタメインの下をくぐることで、息子のポンが減ってしまうのを母親が恐れたためである。このように、寝る場所や洗濯といった日常の事細かな実践を通じて、女性と男性の非対称的な関係性が構築され、男性の精神的・宗教的優位性に関する言説が裏支えされていく。

子供を産むという女性の身体が有する再生産力に対する危険視は、日常生活の場だけでなく、宗教的場面において特に先鋭化する。シュエダゴンパゴダや「ゴールデンロック」とよばれるチャイティーヨー・パゴダなど、特に「威徳が大きい」とされる霊験あらたかなパゴダ (仏塔)[2)] や仏像の近くには、女性は近寄ってはならないとされる (**図12-4**)。

すでに述べたように、男性の身体に多く備わるポンは、女性との不適切な接触 (タメインの下を潜る、男性の右側に女性を寝かせるなど) により減ってしまうが、僧侶が「ポンヂー」(大きな徳) ともよばれるように、ポンは仏教的な修行により増やすこともできるとされる。儀礼の場で、男性在家信者が僧侶の近くに座り、在家女性は会場の後ろに控えるのも、女性が「威徳の大きい」パゴダに近づかないのも、女性がみずからの不適切な接触により、男性やパゴダが有する価値を減

2) 聖髪や聖歯などのブッダの聖遺物 (仏舎利) や経典、仏像や宝石等の宝物が安置される。

図12-4　マハームニ・パゴダ（マンダレー）における礼拝の様子（上）と注意書き

じてしまわないようにするためとされる［飯國 2011］3)。

上記の事例では、男女の象徴的優劣は、経血に象徴される女性の生殖能力をめぐって先鋭化すると考えることができる。そして、女性の身体が有する力とその象徴であるタメインは、男性が多く有する徳や仏教的な威徳（霊験）を減じるものとして、不浄視、危険視されていた。このように、男女間の出家をめぐる差異や精神的・宗教的秩序は、単なる言説としてではなく、男女の身体が有する具体的な力に関する言説と密接に結び付きながら、人々の実践を規定する。そして、人々の実践を通じて、秩序や規範は再生産される。つまり、ジェンダーは構築されるものではあるが、自分が好きなように構築できるわけではなく、社会・文化的な秩序や構造といった、ある種の制約の中で構築されているのである。

5　変化するジェンダー秩序・規範

以上、社会・文化的構造の中で形成されたジェンダー秩序や規範が、人々の実

3)　ただし、禁欲的な女性修行者になり、みずからの生殖能力を制御することによりポンが増えた女性に限っては、「威徳の大きな」パゴダへの接触は禁じられるものの、在家男性よりも僧侶に近い場所に座り、儀礼専門家として在家に対するさまざまな宗教的サービスを行うことができる。

践を方向づけることを示したが、人々の実践の結果、秩序や規範がそっくりそのまま再生産されるのであれば、社会や文化はまったく変わらないことになってしまう。たしかに、人々の実践は既存の社会や文化的な構造のなかで、一見不動とも思われる秩序や規範によって規定されている。しかし、逆に実践を通して、能動的に既存の秩序を変えることも可能である。

すでに述べたように、ミャンマーの上座仏教徒の間では、女性用腰巻はたとえ新品であっても不浄なものとされている。しかし、2008年にサイクロン・ナルギスがミャンマーのデルタ地帯を襲い、約14万人もの死者・行方不明者が出たときには、事情が違っていた。当時の軍政が国際的な災害復興支援をなかなか受け入れようとしなかったことで、海外や政府の支援は限られたため、民間人の被災者支援はきわめて重要であった。こうしたなか、バラバラになりがちな個々人の支援を取りまとめ、人々の結節点となったのが、僧侶をはじめとする宗教的指導者であった。そして、率先して生活物資や義捐金を集めて被災地入りする僧侶の中には、女性用腰巻のみならず生理用品を持参する者もみられた。

本来僧侶は出家した身であるため、世俗の事柄に関わるべきでないとされる。しかも、在家男性であっても触れることをよしとしない女性用腰巻や生理用品に、僧侶が触れることは通常ではありえず、批判の対象となってもおかしくない。にもかかわらず、僧侶が女性用腰巻や生理用品を届けたという逸話は、逆に穢れをも厭わない尊崇に値する行動として、人々から高い評価を受けていた［飯國 2015］。

災害時という特別な状況であるため、平時に戻れば元の規範が支配的になる可能性は高いと考えられるが、この事例は、ジェンダーをめぐる規範や秩序が、人々の実践によって変わり得る可能性を示しているといえるだろう。実際、1970年代頃の日本では、「女はお茶くみ」「25歳はクリスマスケーキ」[4)]「結婚したら辞めて当然」という考えが支配的であった。しかし、男女雇用機会均等法等の法的整備や、「セクハラ」や「パワハラ」といった言葉が浸透したことで、いまだ課題は山積しているが、昔に比べれば男性中心主義的なジェンダー秩序や規範に対して、異議を唱えやすい環境が整ってきた。

我々の身体はジェンダーをめぐるさまざまな文化的、制度的秩序により、特定の意味を与えられジェンダー化されている。しかし、その身体は能動的な社会的

4)　クリスマスケーキの需要は25日までで、それ以降商品価値が著しく低下することから、25歳頃で結婚の予定のない女性を、クリスマスケーキになぞらえた性差別的表現。

実践の主体となることで、既存の秩序をそのまま再生産するのではなく、新たな実践の条件を形作ることもできるのである。

6　おわりに

「普通」「当たり前」といった認識は、「男なら男、女なら女らしくしなさい」というように、生物学上の性別とそれに基づいて構築された社会・文化的役割を不可分な形で押し付ける。その結果、現代日本社会では、要請される規範と現実との狭間で、さまざまな悩みを抱えることになる。本章の冒頭で述べた**性的マイノリティ**の人々だけでなく、女性の場合には、適齢期以降、出産を考えると早めに結婚したほうがよいというプレッシャーにさらされ、子供を産んだら産んだで、「子育て＝女性の仕事」という性役割や「母性本能」をめぐる言説に縛られることで、仕事や子育ての間で板挟みになる。その結果、子育てに専念せざるを得ない状況に追い込まれて退職すると、社会との接点を失い、自己実現が阻害されてしまう。

一方、「男だから」と仕事中心の生活を送る場合にも、問題はある。競争によるストレスにさらされることで過労死の危険性が高まる一方、失業すれば「男」としての価値がなくなり、社会的地位や家庭を失うこともある。また、「男＝仕事」という考え方は育休の取得を難しくさせるため、子育てに関わりたくても関われない男性もいる。「らしさ」に束縛されることで、女性は仕事と家事と子育ての三重苦に陥り、男性は子育ての機会を奪われ、非人間的な働き方を強いられることとなる［伊藤 2009］。

このように、生物学上の性別とそれに基づく役割の不可分な形での押し付けは、性的マイノリティだけでなく、マジョリティにとっても問題だといえる。ジェンダーという視点は、それが生物学上の差異に基づく本質的なものであるようにみせかけられていることを暴く点で重要なだけでなく、男女の間の不平等な権力関係や、多様な個性を「らしさ」という鎖で縛りつけることにより生じる、生きづらさの根源を照らし出す点でも重要なものなのである。

参考文献

［1］『朝日新聞』，2016年8月22日「中傷乗り越えセメンヤ金」（最終閲覧日2016年8月30日）
http://www.asahi.com/articles/DA3S12522756.html

[2] 飯國有佳子，2011『現代ビルマにおける宗教的実践とジェンダー』風響社．
[3] ――，2015「災害が生み出す新たなコミュニティ――サイクロン・ナルギスの事例から」林勲男編『アジア太平洋諸国の災害復興――人道支援・集落移転・防災と文化』明石書店．
[4] 伊藤公雄，2009「社会学とジェンダー論の視点」伊藤公雄・牟田和恵編『ジェンダーで学ぶ社会学』世界思想社．
[5] コンネル，R.，2006『ジェンダー学の最前線』多賀太訳，世界思想社．
[6] バトラー，J.，1999『ジェンダー・トラブル――フェミニズムとアイデンティティの攪乱』竹村和子訳，青土社．
[7] ラカー，T.，1998『セックスの発明――性差の観念史と解剖学のアポリア』高井宏子訳，工作舎．
[8] *Daily Telegraph*，2009年9月11日　"Caster Semenya has male sex organs and no womb or ovaries"（最終閲覧日2016年9月30日）
http://www.dailytelegraph.com.au/sport/semenya-has-no-womb-or-ovaries/story-e6frexni-1225771672245
[9] *the Global New Light of Myanmar*，2016年8月22日 "Families of Defence Services, well-wishers donate provisions, cash to monasteries, nunneries"（最終閲覧日2016年9月30日）
http://www.globalnewlightofmyanmar.com/families-of-defence-services-well-wishers-donate-provisions-cash-to-monasteries-nunneries/

第13章

差別と社会
障害者問題をてがかりに

泉水　英計

2016年7月、神奈川県内の障害者福祉施設で発生した殺傷事件が世間を震撼させたのは、犠牲者の多さに加え、障害者本人にとっても家族や国家にとっても「障害者は不幸」であると明言する元職員の犯行であったからである。障害者差別解消法の施行によって障害者福祉が新たな時代をむかえた矢先に、葬り去ったはずの「優生思想」という言葉がメディアに復活することになった。しかし、ナチスのような遠方の過去に関連づけて言及するばかりではこれを他者化してしまう。今を生きる私たちのなかで障害者への差別がなぜ起こるのか。障害者の視点から現代社会をあらためてみつめなおすと、普段は気がつかない社会の仕組みがうかびあがる。それは障害者差別を生むばかりでなく、私たちすべての生活を方向づけている。この仕組みについて考えてみたい。

1　多数者のつくる世界観

1-1　マイノリティ集団

社会的な差別を受けている人々を指すのに**マイノリティ**という語が使われる。もとの意味は少数派であり、出身や宗教や言語が他の大多数の国民と異なることを理由に国家運営への参加が制限されている少数民族を指す言葉であった。近年は性的マイノリティという使い方をよく耳にする。同性愛者やトランスジェンダーは、単に非典型的な性というだけでなく、それを理由に侮蔑や忌避に晒されていた点で少数民族の境遇と通じている。尊厳の回復と社会参加とはまた女性解放の課題でもあろう。女性は社会の半数を占めているが、この意味で一種のマイノリティであった。

トニー・オースの風刺画「Next!」(Tony Auth, 2004) は、これらの人々がアメリカ社会で平等を獲得する認知の段階を描いている。人種差別撤廃を訴える公民権運動やウーマン・リブで知られる女性解放運動に、同性婚の合法化運動が続こうとしている。障害者の権利擁護運動もそこに描かれているのは、障害者もまた差異を理由に周縁化されていたからであり、平等な社会参加を目指す運動を積みかさねてきた事実があるからだ。

けれども、障害者を他の**マイノリティ**集団と並べると、違和感を覚えるのもまた事実ではないか。肌の色や話す言葉、信仰、性や性別が人間の本質的な能力と無縁であることは、今日の科学教育を受けた者には疑いようもない。女性と男性は確かに身体が異なるが、現代社会で必要とされる能力はその違いに影響されない。女子学生が常に男子学生よりも成績が悪いというようなことがないのは、教室を振り返ってみれば一目瞭然である。したがって、不当な排除が取り除かれれば、多数派と同じ能力を発揮できるはずであり、むしろ、だからこそ排除は不当だったのだ。けれども、障害者はどうだろう。目が見えない、耳が聞こえない、手足が不自由というのは物理的にそうなのであって、偏見を取り去っても障害者の身体がその能力をじかに制限しているのではないか。まずは、このような疑いの妥当性を確かめてみたい。

1-2　できなくされている人々

目が「見えない」人、耳が「聞こえない」人、手足が「不自由な」人というとき、文字や図表を読み、音声で会話し、二足歩行することが自然であるという暗黙の前提がある。しかし、視力により情報を得たり、聴力を用いて**コミュニケーション**をしたり、足を使って移動したりすることのみが人間の可能性なのだろうか。そうではないだろう。人間は触覚で点字を読んだり、視覚を用いて手話でコミュニケーションをしたりできる。ならば、晴眼者とは点字が使えない人であるといったり、健聴者を手話が使えない人だとみたりしてもいいはずである。普段そうしないのは、圧倒的多数が目で本を読み、耳と口で会話しているからにすぎない。こう断じるのは強弁であっても詭弁ではないだろう。

配慮の不均等

次のような例を考えてみよう。校舎の2階にある大講堂の授業に車椅子に乗った履修生が一人いる。校舎の入り口にはスロープがあり、上層階への移動にはエレベータも設置されている。このような**バリアフリー環境**の整備は障害学生への特別な配慮である。けれども、教室へのアクセスについて他の学生はまったく配慮を受けてはいないのだろうか。他の学生は階段を使って2階に上がってきたはずだ。階段が設置されていることで、二足歩行する人の上下の移動は安全で容易になる。つまり、階段もまた一つの「特別な配慮」なのである。自力のみで2階の教室に来たということができるのは、例えば校舎の壁をよじ登ったり、棒高跳びで窓から飛び込んだりした学生のみではないのか［石川 2004：242］。これは配慮の平等について社会学者の石川准が説明に使った例であるが、当たり前の状況が決して自然のものではなく、多数者に都合が良い環境が当然視されている結果にすぎないことに気づかせてくれる。

階層を重ねる建物のデザインは二足歩行者向けである。その数は圧倒的に多いけれども、その身体はやはりある種類の身体だ。このように認識するならば、別の種類の身体をもつ少数の人々の移動に問題が生じるのは、その足が不自由であるからではなく、その行動を妨げる特定のデザインが原因ということになる。かりにすべての校舎が平屋だとしたら、車椅子に乗った学生にとってのキャンパスがどれほど移動しやすい空間になるか想像してみたい。このような意味では、車椅子の学生は「歩けない」のではなくて、いわば「歩けなくさせられている」のである。

後で触れる横田弘の詩に『足』という作品がある。映画『さようならCP』（原一男監督, 1972）では、脳性麻痺のため膝行（いざり）をする彼が東京の新宿駅前の歩行者天国で人々に取り囲まれこの詩を朗読していた。彼のような身体を考慮せずにデザインされた環境のなかでこそ人々は快適に移動しているという現実を突きつける詩だ（**図13-1**）。

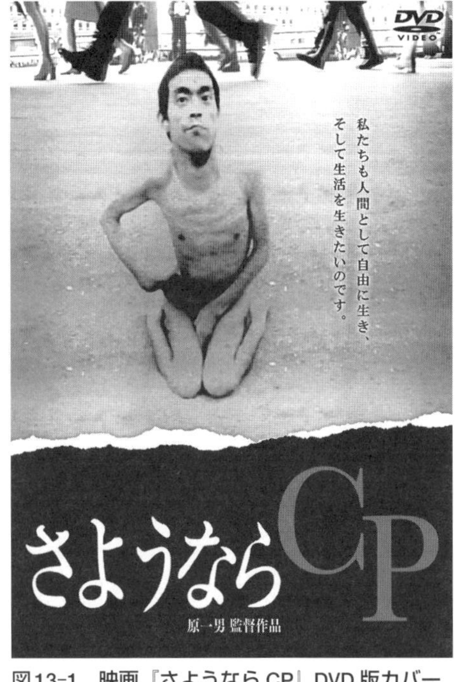

図13-1　映画『さようならCP』DVD版カバー

私のまわりに集っている大勢の人々／あなた方は、足をもっている／あなた方は私が歩くことを禁ずることによってのみ／その足は確保されているのだ／大勢の人々よ／たくさんの足たちよ／あなた方は何をもって、私が歩くことを禁ずるのか

1-3　コミュニケーション・バリア

コミュニケーションに関する**バリアフリー**にも、身体移動についてみたのと同様の問題がある。駅の券売機に張られた点字テープは確かに盲人への特別な配慮だが、料金の文字表記もまた晴眼者への「特別の配慮」ではないのか。テレビ画面の隅に映る手話通訳や字幕はたしかに聾者への特別な配慮だが、スピーカーから流れる音声もまた健聴者への「特別な配慮」ではないのか。意識しないと文字表記や音声は当たり前で自然に感じられるが、よくよく考えてみれば、これらを当然視してしまうのは単に利用者の数が圧倒的に多いからにすぎない。もし、券売機の文字表記が必然でないならば、見えないこと自体は問題ではない。文字表記が使われることによって初めて視力の欠如が問題となる。テレビに音声が必然でないならば、聞こえないこと自体は問題ではなく、聴力の欠如という問題は、音声が使われることによって初めて起こることになる。

それでもなお「できない」こと自体を不便に感じるとすれば、「できない」状態についての理解が不適切だからにちがいない。盲人の困難さを疑似体験するのにアイマスクを付けて歩き回ることがあるが、これはおそらく誤った類推である。この状態では実は暗黒が見えているからだ。それが外部からの情報を遮断してしまい、普段は見えていた前面の様子がつかめずに不便だと感じる。しかし、先天性の盲人には何かが見えたという経験がない。だから、これと比較して見えないこと自体の不便を感じることもないのではないか。この場合、知覚的に見えないのではなく、論理的に見えないのであり、それは後背面の死角に似ている。合わせ鏡や写真によって間接的に自分のうなじを識ることはできるが、前列に座っている学生のうなじを見るように直接自分のうなじを見ることはできない。しかし、後頭部が見えないのは当たり前で、そのこと自体に不便は感じないだろう。

聾者の場合も同様に、聞こえないことが必然的に不便を引き起こすのではない。聾者にとって音のない世界は当たり前なのだから。不都合が起きるのは、生活に

必要な情報が音声によって送受信されるから、つまり、他の人々がしゃべるからである。みんなが手話を使うならば不都合は起こらないはずだ。これは仮想現実ではなく本当に実現された状況である。

アメリカ東海岸の離島マーサズ・ヴィンヤード島には歴史的偶然から遺伝性の聴覚障害者が多かった。聴覚障害の発生は、全国平均では約5,700人に1人の割合であったが、この島では155人に1人という高率を示した。そのため聾者が使う手話を健聴者たちも自然に身につけ、日々の暮らしで英語と併用するようになっていたという。このように言語のバリアが取り除かれたとき、聞こえるか聞こえないかという区別は無意味に近い。聾者は健聴者と自由に交わり、他の島民と変わることのない生活を営んでいた。島民にとって聴覚障害は言葉のなまり程度に些細なことであり、知人が聴覚障害かどうかは、あえて尋ねられなければ忘れてしまうほどに意識にのぼらなかったという［グロース 1991］。

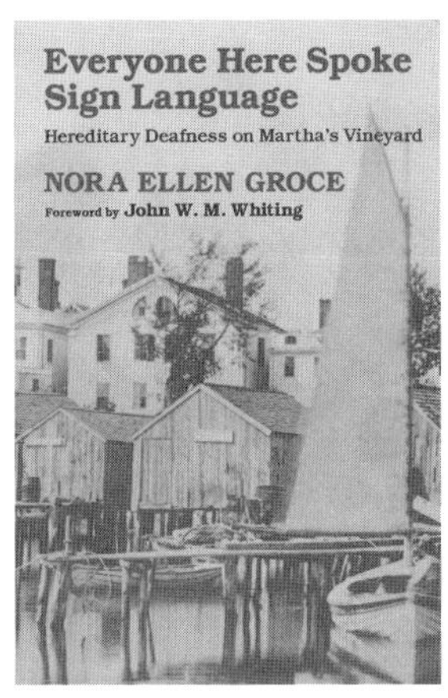

図13-2　グロースの著書にみえる島の風景

1-4　インペアメントとディスアビリティ

障害について述べるとき、次のふたつの意味を明確に分けなければならない。一方は、何かが「できない」という障害者の身体の状態であり、他方は、何かを「できなくさせている」という社会の状態である。上にみたように、そのような社会の状態は、健常者の身体に合うように生活空間がデザインされ、健常者にとって容易な**コミュニケーション**手段が主流になることによって生じる。感情的な忌避行動のような障害者差別はあからさまでみえやすいが、この間接的な排除という差別に気づくのは容易でない。

2011年の内閣府統計によれば、人口1,000人あたりに視覚障害者や聴覚障害者はそれぞれ3人、肢体不自由者は18人の割合で存在する。したがって、2,000人定員の学部には、盲学生6人、聾学生6人そして36人の肢体不自由の学生を予測できるはずだが、実際には障害学生ははるかに少ない。もちろん、この2,000人は任意の集合ではなく、入学試験に合格した人々であるから、単純に平均比率から在籍数を算定することは不適切かもしれない。けれども、その入学試験は真に平等な競争であったのだろうか。近年では、障害をもった受験生が不利益を蒙らないように、個室受験や時間延長、点字による出題といった特別措置がとられている。しかし、入試成績を左右するのは受験日のみではない。予備校や塾は**バリアフリー**化されていただろうか。点字や音声読み上げできる学習参考書は十分にあったであろうか。そうでない以上は、大学の教室は間接的に障害者を排除した空間なのではないか。

「できる」という意味

「それは言葉の問題だ」とは、表現は物事の根本と関係ないという意味で使う言い回しである。しかし、人間は常に言葉によって考えるのだから、どのような言葉で事物を表現するかは、物事をどのように考えるのかを決定する重要な選択である。障害者を何かが「できない」人と表現するとき、その言葉は、世界をどのように認識するのかという大きな枠組みの一部であり、この**世界観**のなかで一貫した次の行動へと導かれる。それは、「できない」身体を「できる」ようにする治療や手術であり、リハビリテーションや補助器具の装着となろう。しかし、障害者を「できなくさせられている」人と表現するときには、まったく異なったもう一つの世界観が立ち上がり、問題解決に向けた行動もおのずと違うものになる。そこでは障害者の身体に手をつけるのではなく、「できなくさせている」物理的障壁を除去したり、多様な**コミュニケーション**手段を確保したりといった生活環境の再編成へと導かれる。

障害を個人の身体にみる見方を障害の個人モデルあるいは医療モデルといい、そのような障害を**インペアメント**とよぶ。これに対して、障害の原因を特定の生活環境に求める見方を**障害の社会モデル**といい、そのような障害を**ディスアビリティ**とよんで区別を明確にすることがある［杉野 2007：5-6］。最近は「害」の字の否定的ニュアンスを避けるために「障碍」や「障がい」と表記されるが、この変更は個人モデルに立脚している。**社会モデル**では「害」が生活環境のなかに実際にあると考えるので表記は意図的に変えないことになろう。異文化理解という本書のねらいから重要なのはもちろん後者の社会モデルである。医療モデルは、「できる」ことが当たり前で自然だと考える私たち健常者の世界観を土台にしている。いわば自文化の枠組みのなかに障害者を位置づける見方である。これに対し、社会モデルからは、「できる」ことが本当に当たり前で自然なのかという問いが導かれる。生活環境が変われば障害者の困難が解消するのであれば、逆に健常者が困難を感じないのは特定の生活環境のおかげにすぎないからである。このように社会モデルは私たちの世界観を揺さぶる。

当たり前が実はそうでないと自ら気づくのは難しい。批判的な自省を導くのは、立場の異なる人々のもつ視角である。障害の社会モデルの成立には障害者運動の役割が大きかった。

2　障害者運動の視角

2-1　優生思想

日本の障害者が独自の世界観を表出するきっかけとなったのは、1970年に横浜市で起きた母親による障害児殺害事件であった。幼い障害児を2人かかえ育児に疲れ果てた母親の咄嗟の犯行であった。当時は他にも同様の事件が多数あり、恩情判決が下されていた。このときも近隣住民は減刑嘆願の署名活動を行う。我が子を愛すればこそ将来を悲観し犯行に及んだ母親が同情を集めたのである。けれども、これに真っ向から反対する人々が現れる。神奈川**青い芝の会**に集う脳性麻痺者たちである。彼らは、母親ではなく、殺害された障害児の立場から、情状酌量は障害者の命を軽視するものだと訴えた。彼らが検察に意見書を提出し街頭情宣を展開すると大きな反響を呼んだ。その後に組織される障害者運動の原点であり、そのなかで障害者の視点からする現代社会批判が深められる［横田 1979, 横塚 2007：78-98］。今日でも障害の人文社会学的研究ではしばしば参照点とされる事件であった。

障害者運動を支える思想の根幹を端的にいうならば、現代社会に通底する優生思想の問い返しであろう。**優生思想**とは、より社会の役に立つ生命により大きな価値があるとする考え方である。障害者のように生産能力の低い存在には価値をみとめず、むしろ他人の生産に頼って生きるゆえに社会の負担であるとみなす。青い芝の活動への再批判に対し**横田弘**は、母親を追いつめたのが、障害児の出産を悪とみる世間の目であるのに、その同じ世間が母親を救うことに正義を見出す皮肉を指摘している［横田 1979：32］。社会の負担を生んだことへの非難と、負担を取り除いたことへの評価は優生思想に根ざしている点で実は一貫した態度であったといえよう。

2-2　優生保護法改訂反対

そのように一方的な「愛と正義」に対する反問は、優生保護法への反対運動として現れた。現在の母体保護法の前身である。1970年代初め、人工妊娠中絶が認められる条件として、重度障害の可能性が高い胎児を追加する改定案が審議されていた。殺人ではないとしても、障害を理由に生命を絶つことが正当化されるならば、やはり障害者は「本来はあってはならない存在」だということになる［横田 1979：51-89］。障害者団体の反対を理由に改定案は廃案となったが、羊水検査や絨毛採取あるいは母胎血清マーカー検査といった出生前診断の技術はその後も進歩を続けている。現在ではより安全により正確に障害児の出生を予測できる。しかし、なぜ出生前診断をするのか。胎児の選別以外に有力な理由がなく、ほとんどの両親が障害児の出産を思いとどまる以上、**青い芝の会**の問い返しは現在も有効であろう。

2-3　障害者収容施設

横浜の障害児殺害事件をめぐる議論では、政府や自治体の福祉政策を批判する障害児の親たちの声も注目された。具体的には障害者収容施設の不足である。1970年はまだ大型施設の建設が始まったばかりであった。負担の大きい障害児の世話を家族が一手に引き受けねばならない。そのような逃げ場のない状況が母親を悲劇に追い込んだとされたのである。施設には、医療や介助の専門家が控えていて必要なサービスを受けられる。さらに、そのための費用は税金によってまかなわれ、社会が公平に負担している。施設拡充が障害者問題を解消する最善策だとされたのには一理はあるといってよい。

しかし、収容者の生活はどのようなものであっただろうか。適切な医療によって病状悪化や怪我のリスクは抑えられる。規則正しい生活により健康も維持されただろう。けれども、それは介助作業を効率的に行う管理方法でもあり、収容者の自由を制限するものでもあった。安全に生存を続けることだけが人生の目的ではないはずだ。さまざまな人と出会い、見聞を広め、自分なりの仕事をするために私たちは生きているのではないか。自己実現の可能性を閉ざされ、限られた人々と風景のなかで、個性を奪われた入所者として生きることに対し障害者の反発は大きかった［尾中 1995］。

さらに、施設の外にも問題がある。大型施設は、人里遠い山間僻地に建設されることが多い。そのように障害者を隔離したとき、残りの社会はどうなるのだろうか。移動であれ**コミュニケーション**であれ、その効率をさまたげるのが障害者の存在である。障害者が抜けた社会はより効率的な社会となるだろう。能力別クラス編制の教室にたとえれば、成績の悪い生徒を除いたときクラスの学習進度はより速まる。しかし、進度が速まったので、最初は問題がなかった生徒が足手まといとなり、次の段階では除かれ、進度はさらに速まるという循環に陥るはずだ。そのように効率性を追求していく社会は、実は健常者にとっても住みにくい社会ではないだろうか。

1980年代になると**自立生活運動**が活発となり施設を出る障害者が増える［立岩 1995］。国際障害者年をきっかけに在宅福祉を支える法整備が段階的にすすめられ、今日では障害者が街で暮らすのが普通になりつつある。一義的には障害者が「完全参加と平等」に近づいたということであるが、それが健常者の生活環境も改善する局面もある。例えば、1970年代までは公共交通機関に車椅子利用者への配慮はなかった。駅へのスロープ設置や乗車時の職員による介助の業務化などは障害者自身の働きかけでこの時期にようやく実現されたものだ。1977年には、川崎市内のバスが安全装置の不備や乗下車時の困難を理由に車椅子での利用を断ると、先に触れた脳性マヒ者団体・**青い芝の会**が、対抗措置として川崎駅前に障害者60名を集め、一斉に乗車させてバスの運行をストップさせる。15万人の足に影響を与える大騒動であった。ノンステップバスが普及するのはずっと後年の1990年代になってからであるが、障害者が乗りやすい車両は健常者にとっても乗りやすいものだろう。

2-4　養護学校義務化反対

施設収容と同様の理由で青い芝の会が反対したのが養護学校（現在の特別支援学校）である。一般の小中学校のなかに編制される特殊学級（現在の特別支援学級）とともにやはり1970年代に急速に増設された。必要な収容数を確保する見込みがたった79年度に障害児の就学が義務化される。それまでは、重度の障害児は義務教育を猶予され、他は一般の小中学校で健常児に混じって授業を受けることが多かった。**青い芝の会**はこの障害児教育改革に反対する。一見すると改善だが、なぜ反対するのか。学校生活の目的は科目学習のみではなく、学校は社会のいわば縮図として社会生活を学ぶ場でもある。一般の児童生徒から隔離された空間で行われる療育では社会生活の練習にはならない。また、障害児のいない教室は児童生徒も教員も学習効率を競うような空間になりやすい。そして分断されたまま学齢を過ごした障害者と健常者が出会うとき、両者の溝はもはや埋めがたいものになるというのが反対の理由であった［横田 1989：159-190］。現在は、このような分断を埋め合わせ相互理解をすすめるという名目で学級間あるいは学校間の交流会が行われているが、養護教員であった北村小夜が喝破したように「一緒がいいならなぜ分けた」［北村 1987］という批判を逃れることは難しい。

2-5　健全者幻想

以上、優生保護法、収容施設、養護学校について障害者運動がどのような反論を展開したかをみた。政府あるいは健常者からみれば、これらは障害者問題の解消に向けた対策であったのだが、障害者の視点に立てば、むしろ障害者の価値をおとしめ、障害者を社会から排除するものであった。彼らの目で現代社会をみるときうかびあがるのは、その根底にある**優生思想**である。

ただし、障害者であるからといって誰もがすぐに障害者の視点に立つことができたわけではなかった。実は**青い芝の会**員にも、障害児を殺害した母親への共感を口にする者は少なくなかった。**横塚晃一**は青い芝の運動を牽引した活動家であるが、彼ですら健常者の価値観によって自分の障害をみてしまうという。彼の思想的力量は、むしろ、それを意識化しそれに抗った点にあった。「脳性マヒ者としての自覚」をうったえる文章で横塚は鏡を見る辛さを告白している［横塚 200：87］。辛いのは、鏡に映る障害者を眺める彼自身の目が健常者の目であるからだ。こう指摘する社会学者の倉本智明によれば、青い芝の運動は、障害者を差別する外部の健常者社会との闘いである以上に、障害者である自己の内部にあるこのような「健全者幻想」との闘いであった［倉本 1999］。

3　植民地的心性

3-1　聾者(ろうしゃ)という民族

健聴者の価値観と格闘する聾者の内面を描いたドキュメンタリー映画に『音の無い世界で』（原題：Sound and Fury, Josh Aronson 監督, 2000）という作品がある。現代アメリカのとある兄弟それぞれの家族に聾の子供がいた。人工内耳の是非をめぐり親族間で激しい口論がくりひろげられ、最終的に健聴の弟は子供にこれを取り付けるが、聾の兄は子供の手術を拒み、聾者の集住地区に一家をあげて移住してしまう。兄弟の両親は健聴者で兄の決断に反対し、弟の義父母は聾者で娘夫婦の決断に異を唱える。幼少時に手術を受け聴力を得れば、健聴者とかわらず音声言語を習得できるが、この一族の聾者たちは人工内耳をかたくなに拒む。

医療機器の進歩で聴覚障害が治るのになぜ治さないのかという問いの立て方を

してしまうと、これらの聾者の態度は実に不可解にみえる。しかし、それは問いの立て方が適切ではないからだ。まず、聾者にとって聴力は失われたものではなく、したがって治療によって回復するものでもない。視覚について後頭部が死角であるように、「聞こえない」のは当たり前であり、それ自体は不便ではない。次に、そうであるならば聾者の障害を生んでいるのは音声言語が普及した環境である。手話の普及した環境では問題が起こらないし、作中に描かれた兄弟の兄のように、必要な配慮があれば健聴者社会のなかでも自己の能力を発揮してあたりまえに働くことができる。したがって、聾者にとって人工内耳についての問いは、外科手術を受ければ外国語を使えるようになるのになぜ手術を受けないのかという問いに近い。もちろん、新たな言語を習得するのはよいことだ。しかし、それは母語に加えて外国語も使えるようになるからであり、外国語と引き替えに母語を失うとしたらどうだろう。なぜ手術までして特定の外国語に切り替えねばならないのかという反発はむしろ当然であろう。

木村晴美と市田泰弘の「ろう文化宣言」[木村・市田 1995] は、聾を取り巻く問題を言語間の力関係に引きつけて論じる。聾者は聴覚障害者ではなく、**手話**という少数言語を話す一種の民族であると主張して注目された論文だ。聾児が手話を取得する聾学校がこの民族の「領土」であるが、そこでは音声言語の訓練が強制されていた。原理的に無理があるため効果がなく学力低迷の原因となったが、健聴者教員はむしろ手話の使用にその原因をもとめ手話を禁じた。音声言語の獲得こそが進歩や発展であるという信念に基づいていた点で、文明化や近代化の名のもとに宗主国の文化が土着文化を抑圧した植民地と同じ状況が出現していた。この見立てでは、人工内耳はあたかも民族を抹殺する兵器のようにうつるであろう [木村・市田 1995：368]。

3-2 アイデンティティ・ゲーム

弱小言語の話者が、広く普及した言語を学ぶことで、**コミュニケーション**が可能な圏域を拡大することは一般的な行動である。それが純粋に不便の解消を目的とするかぎりは、学習に投下される労力と、不便が緩和される度合との均衡点が存在する。しかし、しばしばその均衡点とは無関係に無駄な労力が投下されてしまうのは、不便の解消とは別の目的が忍び込むからである [石川 1992：128]。均衡点のみえない口話法の学習が続けられた背景には、健聴者側の押しつけばかりでなく、音声言語を善とみなしそれに近づきたいという聾者の心理があったにちがいない。

このような目的のすり替わりは、標準とされる言語の規範性が強まる状況下で起こりやすい。例えば、戦前の沖縄の学校では、他府県での進学や就労に不利とならないよう標準語が励行されていた。ところが、戦時疎開した九州の学校では教師まで熊本弁を使っていて沖縄の学童は驚いたという。日本社会で琉球語が理解されず不便であるだけならば、九州方言程度まで標準語に近づけることで十分だった。この均衡点から先の流暢な標準語へ向けた努力は何のためであったのか。標準語を善としたうえで、標準語を話すことによってみずからが価値のある存在だと証明するためであっただろう。

首都の言葉が価値をもつのは地方の言葉が価値を失うからである。石川准による**存在証明**の類型化によれば、このような「価値の奪い合い」は、比較的少ない労力で自己の価値を上げる方法である。しかし、方言話者がこの方法をとることは、母語とそれを使う仲間の価値をみずから低めることに等しい。同じ関係が音声言語と**手話**の間にもあり、音声言語は手話の価値を奪うことで価値をもつ。**コミュニケーション**の道具という次元ではなく話者の**アイデンティティ**という次元の問題であるから、人工内耳を装着し音声言語に切り替えるという選択は、聾者の人格と聾者コミュニティの存在価値を自ら否定することになってしまう。聾者の運動が抵抗しているのは、音声言語の利便性の裏に隠れたそのような落とし穴だと理解できよう。

価値の奪い合いを支え、それに人々を誘い込むのは「序列をともなう差異化」である。しかし、差異化にはもう一つ、例えば色の違いのように「序列をともなわない差異化」もある［石川 1992：80-81］。つまり、違いには二つの異なった違い方がある。十人十色というように本来は各人がそれぞれ違っているはずである。それにもかかわらず、各人の違いに上下関係が生まれ序列化されていくのはなぜだろうか。

本章でみたのは、社会にはこの過程をすすめる仕組みがあるということであった。多数派となっている人々がみずからの都合に合わせた生活環境をかたちづくり、そのなかで多数派の生活スタイルを当たり前で自然とみるような**世界観**が形成される。すると、この環境に適合しない人々は、単に不利益を被るばかりでなく、その不利益の責任もおわされてしまう。障害者を排除するときはもちろん、障害者へ同情をよせるときも、不利な存在としてその価値を切り下げていることにかわりはない。**優生思想**というのもこのような過程の延長に成立するものであろう。ならば、たんに優生思想を非難したり障害者に同情したりするだけでは不十分である。序列化されてしまった各人の差異を、序列化されない本来の差異にもどしていくにはどうすればよいのか。私たち一人ひとりが、この社会の仕組みを深く理解し、真剣に考え、勇気をもって行動にうつすことが求められよう。

参考文献

[1] 石川准，2004『見えないものと見えるもの――社交とアシストの障害学』医学書院.
[2] ――，1992『アイデンティティ・ゲーム――存在証明の社会学』新評論.
[3] 尾中文哉，1995「施設の外で生きる――福祉の空間からの脱出」安積順子他『生の技法――家と施設を出て暮らす障害者の社会学（増補改訂版）』藤原書店，pp.102-120.
[4] 北村小夜，1987『一緒がいいならなぜ分けた――特殊学級の中から』現代書館.
[5] 木村晴美・市田泰弘，1995「ろう文化宣言　言語的少数者としてのろう者」『現代思想』23巻（3号）pp.363-392.
[6] 倉本智明，1999「異形のパラドックス」石川准・長瀬修『障害学への招待――社会，文化，ディスアビリティ』明石書店，pp.219-283.
[7] グロース，ノーラ・E.，1991『みんなが手話で話した島』佐野正信訳，築地書館（Groce, Nora Ellen, *Everyone Here Spoke Sign Language*）.
[8] 杉野昭博，2007『障害学――理論形成と射程』東京大学出版会.
[9] 立岩真也，1995「はやく・ゆっくり――自立生活運動の生成と展開」安積順子他『生の技法――家と施設を出て暮らす障害者の社会学』藤原書店，pp.165-226.
[10] 横田弘，1979『障害者殺しの思想』JCA 出版.
[11] 横塚晃一，2007『母よ！殺すな』生活書院.

第14章

国境を越える民族のアイデンティティ
タイ・中国・ベトナムのヤオ族

廣田　律子

ヤオ族は山を利用し移動を繰り返してきた結果、現在は中国南部にとどまらず、ベトナム・ラオス・タイなどにも分散している。

分散するヤオ族の紐帯（ちゅうたい）となる文化の特徴として、通過儀礼と神話があげられる。男性は、祭司としての資格を得なければならないと考えられており、祭司になるために掛灯（クワタン）と称される通過儀礼が行われる。この儀礼を経て祭司となることで祖先を祭る資格と死後祖先として祀られる権利を有することになる。

神話は儀礼のなかに今なお息づいており、ヤオ族の祖先が龍犬であったとする犬祖神話、そしてヤオ族が海を渡り遭難した際ビエンフン（盤王・盤皇）に救われたという漂洋過海（ひょうようかかい）神話が代表としてあげられる。

儀礼は、手書きの漢字経典を読誦して進められるが、これはヤオ族の貴重な文化資源ともいえる。

1　移動する生活

1-1　移動を引き起こす山の利用[1)]

ヤオ族のルーツは、中国古代の史書に武陵蛮・五渓蛮（ごけいばん）と記された、現在の揚子江中流域に位置する湖南省あたりの山地に居住していた人々に求められると考え

1）2015年実施神奈川大学生涯学習・エクステンション講座神奈川大学ヤオ族文化研究所主催講座「アジアに生きる少数民族の文化を知る」（全6回）の第1回ヤオ族概説（吉野晃）、第2回生業（吉野晃・増野高司）、第3回言語（吉川雅之）、第4回衣文化（内海涼子）の配付資料を参考として執筆した。

られ、時を経て移住を繰り返し南下分散し、現在に至っている。

ヤオ（ザオ）族と民族分類されている人々は、文化的には多様な民族集団から構成されている。ヤオ語系のミエン語を話すミエン・ヤオとヤオ語系のキン・ムン語を話すランテン・ヤオが代表としてあげられる。

大半は中国南部地域からベトナム北部・ラオス北部・タイ北部など東南アジア大陸部に居住し、一部は1970年代のインドシナ難民としてアメリカなどにも移住分布する。

中国南嶺山脈から、ヒマラヤから延びる東南アジア大陸部北部の隆起山脈にかけて分布し、中国には約270万人（2010年国勢調査）、ベトナムには約75万人（2009年国勢調査）、タイには約4.5万人（2003年チェンマイ山岳民族博物館資料）、ラオスには推定約2万人（1995年）と報告されている（**図14-1**）。

移動を繰り返し広範囲に分布することになった主な原因はヤオ族が山を利用し農耕を営む、**焼畑耕作**を生活の糧としていたことがあげられる。焼畑耕作とは、

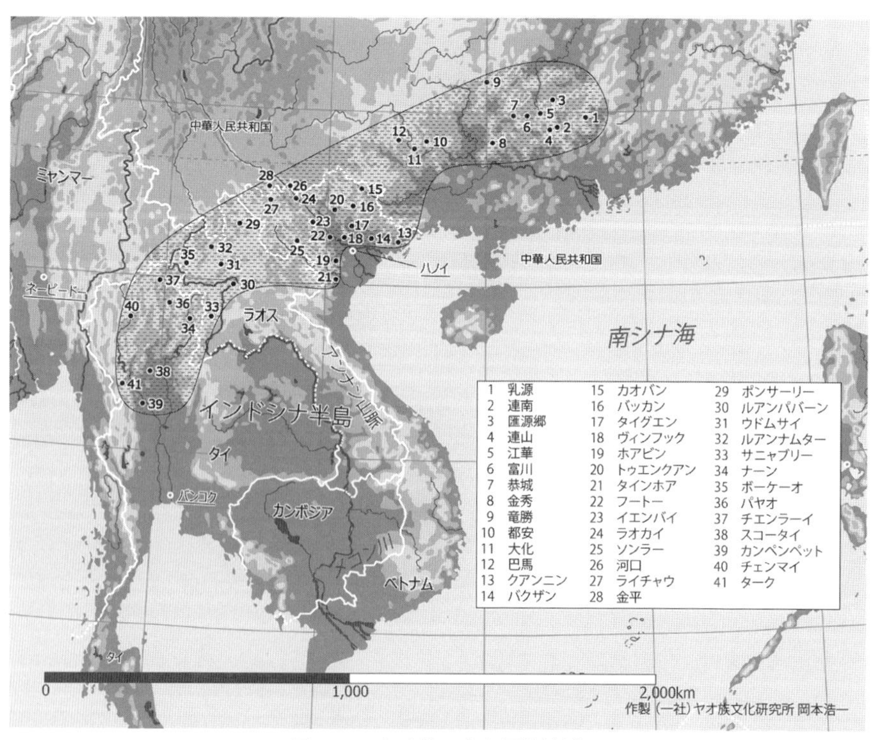

図14-1　ヤオ族の主な居住地域

森林を伐採し、焼くことによって耕地を得、その灰を肥料とし、一定期間作物（陸稲・雑穀・イモ類・豆類など自給作物および果樹・ケシ・ハッカク・油桐など換金作物）を栽培し、地力が衰えると放棄し、別の場所に移動しまた開墾することを繰り返す農法である。この焼畑耕作を続けるライフスタイルが移動を引き起こすことに繋がっている。移動は家族を単位として行われ、タイのグループが所持している先祖代々の墓の位置を記した祖図からも移動経路がわかるとされる。

山の利用に秀でたヤオ族は森林で香料、キノコ類、茶等薬用植物を採取したり、狩猟も行ってきた。木材を加工する技術にも秀で、ろくろ引きにより日本のこけし細工のように木材を成形し、家のテラス等の装飾とする。

山を移動して利用するヤオ族の生活は、1950年代以降各国の同化政策により定住化が進められたことに加え、森林保護政策により焼畑が禁止されたことで大きく変化した。

定住化するようになったヤオ族は棚田による水稲耕作や植林による林業を営んできた。近年では社会の変化により、現金収入を得るため、多くの地域で山から大都市にさらに別の国にまで出稼ぎに出る者の増加が顕著である。［吉野 2001, 2003, 2010b, 2014b］。

ベトナムのサパ県では、ヤオ族の培ってきた薬草に関する知識を生かし、薬草成分を含んだ入浴剤を生産する工場をつくるなど、新たな動きもみられる。

1-2　山住まいの家屋

ヤオ族の家屋は、中国ではレンガ造りの2階を超える近代的なものに変わる傾向にある。しかしベトナムラオカイ省では山あいに谷側を向き、木造の掘立柱平屋で、床は土間、入り母屋スレート葺きの家屋が一般的である。入り口は正面と左右にあり、家の中は前後が壁で隔てられ、奥は寝室とされ、前部には祖先を祀る祭壇が置かれ、その前に広くスペースを取り、残りのスペースに水場、かまど、いろり等が配置され、炊事や食事など日常生活の場、また儀礼の場や社公の場ともなる。

祖先を祀る祭壇周辺の壁には、めでたい文句が漢字で記されている。屋根裏は、漢字文書や神像が描かれた軸など儀礼で使用される貴重なものを置く場や穀物を貯蔵する場となっている。家の庭にはニワトリやブタなどの家畜が飼われている。

生活に欠かせないライフラインといえば、電気はきているものの、ガスは使用せず、炊事のかまどは薪木を用い、暖を取ったり話し合いの場ともなるいろりは生木を置いただけというものである。

水道はといえば、山の水源から家屋内の水場にある水槽までビニール管で水を引き込んでいて、始終水が流れている状況である。ビニール管を使う前は竹の懸け樋を用いていた。山から水を引き込む状況は、家屋が近代化し、システムキッチンが導入されている中国藍山県でも同じである。山の水源近くに水溜めを作り、そのなかに九龍といって川から拾ってきた丸石を9個入れ、水が汚れない呪いとする。水を運ぶ管は数キロにも及び、村人の共同作業で敷設工事が進められるのだが、ヤオ族の人々はこうした土木建築工事全般を自力で行ってしまう。山を知り尽くし、山での生活の知恵が蓄積されているからこそ可能となる。

1-3　衣にみえる地域差

日常生活において、民族衣装を身に着けている地域は少なくなる傾向にある。男性は**儀礼**の場において辛うじて民族衣装を身に着ける。比して女性、特に年齢の高い人は日常生活でも身に着けている。

衣装は地域差があるものの基本的には、女性の衣装は前開きの長袖の上着、腰帯、胸当て、袴、前掛け、頭巾から構成され、男性の衣装は前開きの長袖の上着、袴、頭巾から構成される。古い衣装の残るベトナムでは男性祭司が儀礼において脛に脚半を巻くこともある。

ベトナムラオカイ省とタイパヤオ県と中国藍山県のヤオ族女性の民族衣装を着た姿を比べてみよう。一見して同じ民族には見えないのではないだろうか。少なくとも200年以上にわたって分散移住を繰り返した結果、ファッションは大きく変化したのである。女性は自分を美しく着飾ろうと柔軟に変化を選択してきたといえる。そこで地域ごとに多様な民族衣装が生まれたのである（**図14-2、14-3、14-4**）。

共通する点はかぶり物から、足元まで身に着けるものに施された刺しゅうの細かさである。女性たちは時間をみつけては刺しゅうに励んでいる［内海 2016］。

1-4　神話にみえる移動

ヤオ族の中でも**移動**性が高く、国境をまたいで東南アジア大陸部まで分散しているミエン語を話すミエン・ヤオ族の間には、長年にわたる**移動**を示す内容の共通する伝承がある。この伝承は、漢字を用いて記述され、文書として大切に伝えられている。神話伝承は重要な儀礼において掲示されたり、読誦され節を付け歌

図14-2　タイパヤオ県の女性の衣装

図14-3　中国藍山県の女性の衣装（中央の女性は花嫁用の被物を着ける）

図14-4　ベトナムラオカイ省の女性の衣装（中央は花嫁）

唱されたりする。

1-4-1　犬祖神話と「評皇券牒」

いわゆる「評皇券牒（ひょうこうけんちょう）」（「過山榜（かざんぼう）」）は、山中の**移動**許可書といわれ、**神話**的伝承が含まれる。そのあらすじは、

> その昔、評皇という中国の皇帝がいた。敵国の高王との戦いにおいて、評皇は「高王の首を取ってきた者に娘をめとらせよう」といったものの群臣は皆よい手を打てずにいた。評皇の側にいた龍犬盤護はみずから7日7晩海を泳ぎわたり高王のもとに赴き、高王が油断したところでその首をかみ切って、評皇のもとに帰った。評皇は約束どおり娘を褒美としてめとらせた。龍犬盤護と妻は山中に住み、6男6女をもうけた。6男6女はヤオ族12姓の始祖となった。その後盤護は狩りに出て命を落とすが、評皇は、12姓の子孫を任官し、山を移動し、山を利用して生業を営むことを許可し、税を免除することを勅令した。

というものである。

この「評王券牒」は皇帝により勅令された形式をとって記述されているが、ミエン・ヤオ族自身が作成したもので、山中を**移動**し、山を利用する自分たちの権利を正当化しようと考え出されたものといえる。12姓とあるように、ヤオ族の人々は漢字の姓（盤・趙・馮・李など）をもち、姓は父系で継承されている。

1-4-2　海を渡る神話

もう一つの**神話**は、漂洋過海**神話**といわれるものである。

中国湖南省藍山県のミエン・ヤオ族の「点男点女過山根（てんなんてんにょかざんこん）」と題される伝承を以下に紹介する。そのあらすじは、

> 天地が創造され、洪水により兄妹のみ生き残り、兄妹が結婚し、ヤオ族12姓の始祖も生まれ、南京十保山に居住する。寅卯2年に天災が起こり、ヤオ族12姓は船を仕立てて海を渡って**移動**しようとするが、大しけに遭い遭難する。その際、祖先神ビエンフン（盤王・盤皇）に救済を求めて船のへさきでハンカチを振り無事を祈って願掛けをする。三廟王の道法のおかげにより難を乗り越え岸に着き、8月13日にビエンフンに御礼の祭りを行う。その後雷古山、伏子連州等に定住するが、焼畑耕作により地味が衰え移住し、移住を次々と繰り返した結果現在の藍山に至る。今もビエンフンへの祭り、祖先神への祭りを続けて行っている。

というものである。

この伝承には**焼畑耕作**をし数十年ごとに移住を繰り返すミエン・ヤオ族の生活スタイルが反映されている。この漂洋過海**神話**にあるように、かつてミエン・ヤオ族が海を渡り遭難した際、ビエンフンを代表とする三廟王（さんびょうおう）に救いを求め願を掛け、無事に上陸できたので、約束を果たす祭祀を行うようになった。神々との契約関係は現在に至っても引き継がれ、救世主ビエンフンに象徴される祖先神は、子孫の祈願の対象であり続け、大願成就の願ほどきの祭祀が続けられてきたのである。

1-4-3　神話と祭祀

大願成就の感謝の祭りは、広い意味での祖先への祭祀である。この祭りにおいてこの漂洋過海神話が歌唱される。ほかにも神話叙事および歴史叙事である『大歌書（たいかしょ）』（いわゆる『盤王大歌』）が詠唱される。そうすることでミエン・ヤオ族自民族の起源や出自に関わる伝承を再確認し、祖先をたたえ、綿々と継続されてきた祭祀契約とその履行の実践である祭祀の意義が伝えられる。

祭祀においては、祭壇の供物にまで民族の漂洋過海神話が表現される。3年間養われた豚が供犠（くぎ）とされ、祭壇に並べ供えられるが、中央の豚の頭の上に載せられた腹の部から切り取られた肉片は、大しけの際船のへさきで無事を祈るのに使ったハンカチを表すとされる。さらにしっぽは船の櫂（かい）、腸は接岸のロープ、肝臓は船のいかり、脂肪は帆布を表すとされる。豚の脚の上にちまきが積み重ねられるが、帆を表す笹葉でくるまれているとされ、その上に挿された旗は救世主ビエンフンの好きな36種の花を表すとされる。**神話**と歴史が歌われる**儀礼**空間には**神話**世界が展開され、自民族のアイデンティティを五感で認識する場となる（**図14-5**）。

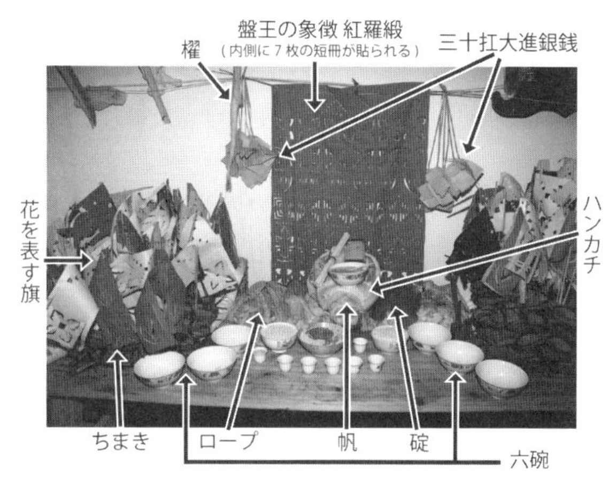

図14-5　中国藍山県ビエンフンを祀る祭壇　漂洋過海神話を表す豚の供犠

1-5　信仰にみる移動

ミエン・ヤオ族の神の世界は、儒教・仏教・道教と単独の宗教の名を付して表現することはできないものの、父系出自や父系祖先祭祀を重視するイデオロギーや**儀礼**の内容に儒教と道教の影響が色濃くみられる。ヤオが古来より時をかけて出会い自分の信仰の対象としてきた神々が重層的に習合して存在する。

ここでも山々を**移動**する生活のなかで形成された記憶をみることができる。祖先が山々を移動するなかで特に秀でたリーダーが現れる。そのリーダーは移動の場所・地名と結び付けられて称され、神として祭祀されるようになったと考えられる。どこどこの地の某某王という具合である。地名と祖先神が結び付けられ伝承されるのは、祖先が移動を繰り返し、旅を繰り返したことを記憶にとどめるものである。

ヤオ族は祭祀の中で必ず漢字文書に記述された祖先神にまつわる歌詞を歌い、祭祀の場に招き、祖先神を思い出し、その移動つまり旅の跡を振り返ることで、祖先から自分に至る継続を確認し、祖先神が子孫を保護し、繁栄をもたらしてくれることを実感しているのである。

2　通過儀礼から読み取れる世界観

ヤオ族の男性は、必ず祭司となる通過儀礼を経なければならないとされる。

この通過儀礼は灯明をともすことでそのレベルが表され掛灯（クワタン）と称されるが、最初の段階では、3灯明がともされ、次に5灯明、7灯明、最高は12灯明がともされランクアップが図られる。3灯明をともす通過儀礼では、祭司としての名である法名が与えられ、祭司としての法術が伝授され、祖先を祭る権利が付与され、同時に法名が祖先の名が連ねられ記述されている家先単に記され、死後祖先として祀られる権利を有することになる。

この通過儀礼は中国から**移動**を繰り返した結果今ではタイ・ベトナムに分散して居住するに至ったヤオ族の間にも継承されている。ヤオ族にとって祭司者となること、つまり祖先祭祀を継続することがいかに重要な意味をもつかが表れている（**図14-6、14-7、14-8**）［吉野 2013］。

2-1　他界への旅体験

通過**儀礼**は、一時的な死と再生がテーマとされるが、儀礼の過程で受礼者は失神状態に陥り、魂は陰界へ赴き、再びこの世へ帰還し意識を吹き返す。通過**儀礼**は、人の魂を変化させ、浄化させ、レベルアップさせるチャンスである。これは特別な能力を得るための、生まれ変わりの体験とも、試練の体験とも、魂の**移動**つまり旅体験とも解釈できる。この**儀礼**上の体験はある種の演出が施されている。

中国湖南省藍山県のミエン・ヤオ族が2008年に行った12灯がともされる**儀礼**から紹介しよう。

2-2　人の身体から離脱する魂

まず儀礼の開始時に、受礼者が日常から非日常の空間へ移動したことがドラマ化して表される。実際の内容は、受礼者は布団に入り、いびきをかいて寝ているまねをし、ソーナーが朝を告げる鶏の鳴きまねを表現すると、受礼者は起きだす。次に壁を隔てた向こう側に酒かめが並べられた所に夫人が立ち、受礼者は壁の上を越えて白布の端を夫人に渡すが、夫人は受け取った白布を酒かめの上に置く。これは夫人の助けを借り、受礼者の魂は白布を伝って酒かめに収められたとされる。これにより受礼者の魂（三魂七魄）を三清神のいる雲中に宿らせることを意味し、邪悪なものの急襲を免れることになる。身体は人間界にとどまり儀礼を受けるわけだが、魂は複数存在し、人の身体を離れることがあると考えられている。

2-3　受礼者の試練と陰界への旅

さらに儀礼が進められ、受礼者が乗り越えるべき試練と陰界への旅が象徴して表される儀礼の核心といえる部分を紹介しよう。複数回行われる試練のうち「度水槽」を取り上げる。

受礼者は「天地水陽四府功曹使者」の祭壇前に立ち、鈴を鳴らし、祭司が傍らで唱えごとをするうちに受礼者は意識を失い、北斗七星を表す7つの碗を伏せた上に敷いたござの上に運ばれ寝かされ、受礼者の上に木の棒がわたされ、祭司らが次々と法具の杖を手に祭場の天井に張られた布橋を突きつつ、木の棒と受礼者の上をまたいでいく。その後に受礼者を正気に戻すために付き添い役が名を呼び、茶を口に注ぐ。この際寝かされた受礼者の頭部と足部にヤカンをもつ者がいるが、ヤカンは水

図14-6　中国藍山県の最高位の祭司となる儀礼で、受礼者1人ずつ12の灯をともす。祭司は経典を読誦する

図14-7　タイナーン県の祭司となる儀礼。祭壇に神画を飾り、受礼者1人ずつ3灯をともす。祭司は経典をもつ。中国でも同様の儀礼が行われる

図14-8　ベトナムラオカイ省の祭司となる儀礼。神画が飾られ、祭壇がしつらえられ、祭司が経典を読誦する

図14-9　中国藍山県の最高位の祭司となるための試練で、陰界への旅をする受礼者は意識を失い、莫蓙の上に寝かされ、祭司がその上を次々またぐ

を、寝かされたござは鉄の船を、身体の上にわたされた木の棒は船板を意味するとされる。布橋を杖で突くのは、祭司の知識を伝授する意味とされる（**図14-9**）。

陰界への旅路の先導役としてまず祭司が挑戦し、受礼者はそれに続いて行う。祭司は先達（せんだつ）として自ら実践することで指導を行い、受礼者はそれを模倣して行うことで、祭司としての能力を獲得するために必要な経験とされる陰界への旅とこの世への帰還を経ることになり、結果として高位の祭司に加わることになる。祭司としての能力の継承において、同じ経験をすることは不可欠であり、陰界への旅とこの世への帰還は12灯をともす最高レベルの祭司に共通する体験である。

ここで天地水陽四府功曹の祭壇が旅の入口となるが、功曹使者は天・地・水・陽の四府の空間にいるとされる神々に人々の用件を伝え文書を運ぶ、いわばメッセンジャー、郵便配達人である。天府功曹は白鶴に乗り、地府功曹は虎に乗り、陽間功曹は白馬に乗り、水府功曹は水龍に乗るとされる。

神々がいるとされる天・地・水・陽の異世界を知り尽くした功曹に水先案内人を頼むことで、陰界への旅とこの世への無事の帰還が成功すると考えられているからこそ、旅立ちは四府功曹使者の祭壇に拝することから始まると推測できる。

2-4　祭司の能力の継承――まねること

3灯明をともす通過儀礼は、ヤオ族にとって祭司となる最初の段階の儀礼である。

儀礼は、祭司として神と交信する儀礼を行うのに不可欠な法術が学修伝授される機会であり、祭司の資格の獲得が図られる。このとき先輩祭司の所業を模倣し、再現することで法術の伝授が行われる。実際には祭司は受礼者に対しドラのたたき方、角笛や鈴の鳴らし方、マジカルなステップの踏み方、舞の舞い方、卜具（ぼくぐ）の使い方を手取り足取り教え、受礼者は祭司の動作をまねて再現する。この模倣は神を祀る場が起源と考えられている演技をすること、つまり芸能の萌芽(ほうが)を示唆しており、重要な意味をもつと考えられる（**図14-10**）。

祭司の所作をまねることは祭司としての能力を獲得することを意味し、神との種々の通信手段を得ることになる。そしてヤオ族の男性として祖先を祀り、祭司としての正しい道を歩み始めることに繫がる。まねることから始めるわけだが、まねること自体祭祀性の強い段階の芸能における重要な表現方法といえる。

図14-10　中国藍山県、受礼者がマジカルなステップの踏み方をまねて再現し、祭司として必要な能力を修得する

通過儀礼は3週間要する12灯をともす大規模なものから数日を要する葬送儀礼、数時間で終わる治病儀礼まで数多く伝承されている。なかでも神像が描かれた掛け軸が祭壇に掛けられて行われる通過儀礼の12灯をともす儀礼、3灯をともす儀礼、葬送儀礼は規模の大小はあるものの儀礼の骨格となる基本構造は一致し、祭司が祭場の準備をし、開始の酒を飲み、祭司の自己紹介を行い、神々を祭場に招き、祭司の師匠の助けを求め、神々に祭りの目的や式の次第などを伝え、神々の素性を述べ、叙任の儀式を行い、神に紙銭(しせん)（紙製の銭）などを献上し、願をかけ、願を解き、神々を送り、師匠に感謝をし、ねぎらいの酒を飲み終了する構成をとる。それぞれ異なる**儀礼**の目的に合わせ、この骨格に特徴ある肉付けがなされる。

3　文化資源の継承

3-1　儀礼と経典

通過儀礼を含む諸儀礼では漢字で記された文書が経典として読誦され儀礼が進められるが、驚くべきことに数百年かけ広く分散したヤオ族の間には内容がほぼ同じ経典が多量に伝承されているのである。経典は祭司の間で書き写され続けてきた。自分の所有していない内容の経典を見出すと借りて抄写(しょしゃ)するという行為は今でも変わらずに続けられている。

もちろん漢字文化圏を出てしまい、普段の生活で漢字を使うことがなくなった人々であっても漢字で書かれた文書を用いて儀礼を行うことは変わらない。ヤオ族にとって**儀礼**を次世代にわたって継承するためには漢字識字能力修得のための学習は欠くことができない学習といえる。

タイでもベトナムでも普段の生活ではほとんど使用しないため、漢字識字能力修得のために特別な学習システムを確保する取り組みが必要となる。普段漢字圏にいる中国のヤオ族にとってさえ、経文の文字は現在使用されている簡略化された文字とは異なる古い書体の文字であるので、あらためて学習する必要がある。程度の差はあるもののヤオ族社会は漢字学習に課題を抱えているといえる［吉野 2008，2010a，2014a］。

近年の社会の変化のスピードはあまりに速く、もともと焼畑中心の**移動**を主としたヤオ族の生活は、山を出て大都市への出稼ぎという移動に変化し、若い世代が家や村を離れることで漢字学習をはじめとする儀礼にかかわる知識をじっくり伝える機会を奪ってしまっている。このままでは葬式という重要な儀礼すらも行えなくなるのではと危惧する年寄りもいるという。

儀礼に伴う知識は大変に複雑である。経典の漢字は声を出して読み上げられるが、漢字は日常使うミエン語や漢語とも異なる音訓を付して読まれる上に経文によって決まったリズムと旋律を備えた節が付けられる。日本人が漢字を読むのに訓読み、音読みを使い分けているようにヤオ族も経文により異なるヤオ語の音を付して読んでいる。それに仏教の声明のように経文は棒読みするのではなく、節が付けられる。

さらに儀礼は経典の読誦に加え意図をもった身体表現によって構成される。礼拝する、足のステップを踏む、手の指を組む、マジカルな符を書く、水をまく、回転する、供物をささげるといった動作がとられる。

そうした動作には法具が用いられる。さらに儀礼では神の像が描かれた掛け軸、神々に対して発信される手紙、神々を象徴する切り紙、紙製の銭・酒・供犠・灯明などの神々への奉納品、祭司としての正式な服装、楽器類、五穀豊穣（ほうじょう）を表現する飾り物など種々なものが使用される。

儀礼で使用されるもの一つひとつがヤオ族の精神世界を表す貴重な文化資源といえるものである。

3-2　儀礼知識の継承

儀礼知識の継承はどのようになされているのだろうか。

中国湖南省藍山県の祭司のリーダーですべての**儀礼**に通じている趙金付氏（法名法明）は、1963年生まれ、中学卒業後15歳で父方の伯父で祭司の趙子鳳氏（法名法霊）の弟子となり法事を学び始めた。3灯は1994年、12灯は1995年に受礼した。祭司としての職能は、7～8年かけ、舞→経典の読誦→マジカルなステップ・マジカルな指の組み方・マジカルな符の書き方と、段階を経て実際に法事を行いながら修得した。

師匠の趙子鳳氏は独立後も法事に付き添い、2000年に亡くなるまで約20年にわたり指導を続けた。趙金付氏が儀礼で現在使用しているテキストや神像が描かれた掛け軸は、趙子鳳氏とその師匠だった盤雷仔氏（法名法順・子鳳氏の母方の伯父）から譲り受けたものである。

複数の祭司で行う**儀礼**は趙金付氏を中心に趙保古氏と盤喜古氏とがチームを組みそれぞれの弟子を加えて実行していたが、近年盤喜古氏が亡くなったことに加え、弟子の多くは出稼ぎの影響等で育成が難しい状況を抱え、スムーズな儀礼運営ができなくなりつつあるようにみえる。祭司になろうとする若者が減少していることは継承への不安材料といえる。

それに比してベトナムは、各年代に複数の祭司がおり、祭司の層が非常に厚いと感じる。そして厳格に伝統的な儀礼知識の伝承が行われているようにみえる。ベトナムの旧正月テトには、祭司として養成する男子を選ぶ儀礼が行われる。男子は、身体を揺すり振るわせ、ぴょんぴょんと跳ね回り、霊が乗り移ったような憑依（ひょうい）した様子となる。たとえ父親が大変優れた祭司であっても息子全員が憑依せずに祭司候補者となれない場合もある。祭司となり、儀礼において経典が読めるようになるため、テトの1か月は種々な経典を蔵から出すことが許されるので、

図14-11　ベトナムラオカイ省、旧正月に祭司となる若者を選ぶ儀礼において、憑依した状況で跳ね回る若者たち

先輩が読誦するのをまねて練習を繰り返しつつ覚えていく（**図14-11**）。

3-3　継承問題解決に向けて

急速に社会の変化が進み、伝統的価値を軽視する傾向が生まれるなか、それぞれの国や地域で程度の差こそあれ、儀礼知識の継承が難しい状況にある。まず次世代のヤオ族が、自民族の儀礼文化は人類にとっての貴重な文化資源であると自己評価することが必要である。それが今後の儀礼知識の継承と活用が確保されるための最初の一歩であると考える。

国境を越え移住を繰り返してきたヤオ族が今後も伝統的儀礼文化を継承できるか否かは、移住先の社会において、種々な文化の価値を認める**多文化が共生**する社会づくりが進められるかどうかにかかっている。まずは、できるだけ早い時期に、漢字学習のプログラムの実施に必要な国や地方レベルの支援が開始されることが、**伝承の危機**を回避するための直近の打開策といえよう。

参考文献（邦文書籍のみ）

[1] 浅野春二，2016「『招兵』における五穀兵・家先兵・元宵神――中国湖南省藍山県の過山ヤオ族の事例から」廣田律子編，『ミエン・ヤオの歌謡と儀礼』大学教育出版，pp.221-246.

[2] 内海涼子，2016「ベトナムのミエン・ヤオの衣文化――ラオカイ省の事例を中心に」廣田律子編『ミエン・ヤオの歌謡と儀礼』大学教育出版，pp.247-276.

[3] 白鳥芳郎編，1975『傜人文書』講談社.

[4] 白鳥芳郎編，1978『東南アジア山地民族誌――ヤオとその隣接種族』講談社.

[5] 竹村卓二，1981『ヤオ族の歴史と文化――華南・東南アジア山地民族の社会人類学的研究』弘文堂.

[6] 田畑久夫・金丸良子，1995『中国少数民族誌――雲貴高原のヤオ族』ゆまに書房.

[7] 譚静，2016「過山系瑤族（ミエン）に見る「三清神」について――中国湖南省永州市藍山県の儀礼神画・儀礼文献・儀礼実践からの考察」廣田律子編『ミエン・ヤオの歌謡と儀礼』大学教育出版，pp.277-314.

[8] 廣田律子，2011『中国民間祭祀芸能の研究』風響社.

[9] ――，2016「儀礼における歌謡――「大歌」の読誦詠唱される還家願儀礼を事例として」廣田律子編『ミエン・ヤオの歌謡と儀礼』大学教育出版，pp.1-53.

[10] 丸山宏，2011「中国湖南省藍山県ヤオ族の度戒儀礼文書に関する若干の考察――男人用平度陰陽扨を中心に」堀池信夫編『知のユーラシア』明治書院，pp.400-427.

[11] ――，2016「ヤオ族宗教文献「意者書」から見る還家願儀礼――大庁意者の問卦と許願の部分を中心に」廣田律子編『ミエン・ヤオの歌謡と儀礼』大学教育出版，pp.193-220.

[12] 三村宜敬，2016「儀礼にみるヤオ族の船――ヤオ族のもつ船のイメージ」廣田律子編『ミエン・ヤオの歌謡と儀礼』大学教育出版，pp.315-345.

[13] 吉川雅之，2016「『大歌書』上冊記音――ミエン語（勉語）藍山匯源方言による」廣田律

子編『ミエン・ヤオの歌謡と儀礼』大学教育出版，pp.73-192.
[14] 吉野晃，2001「中国からタイへ——焼畑耕作民ミエン・ヤオ族の移住」塚田誠之編『流動する民族——中国南部の移住とエスニシティ』平凡社，pp.333-353.
[15] ——，2003「タイ北部ミエン族の出稼ぎ——2つの村の比較から」塚田誠之編『民族の移動と文化の動態——中国周縁地域の歴史と現在』風響社，pp.159-192.
[16] ——，2008「槃瓠神話の創造？——タイ北部のユーミエン（ヤオ）におけるエスニック・シンボルの生成」塚田誠之編『民族表象のポリティクス——中国南部における人類学・歴史学的研究』風響社，pp.299-325.
[17] ——，2010a「タイ北部におけるユーミエン（ヤオ）の儀礼体系と文化復興運動」鈴木正崇編『東アジアにおける宗教文化の再構築』風響社，pp.273-299.
[18] ——，2010b「ユーミエン（ヤオ）の国境を越えた分布と社会文化的変差」塚田誠之編『中国国境地域の移動と交流——近現代中国の南と北』有志舎，pp.237-258.
[19] ——，2013「祖先と共に——タイ北部、ユーミエンのピャオ集団の核家族化過程に見られる「家」の構成原理」信田敏宏・小池誠編『生をつなぐ家』風響社，pp.153-175.
[20] ——，2014a「タイ北部、ユーミエンにおける儀礼文献の資源としての利用と操作」塚田誠之編著『中国の民族文化資源：南部地域の現在および分析』風響社，pp.67-95.
[21] ——，2014b「タイにおけるユーミエンの家族構成の社会史——合同家族から核家族へ」クリスチャン・ダニエルズ編著『東南アジア大陸部 山地民の歴史と文化』言叢社，pp.219-246.
[22] ——，2016「タイ北部のミエンにおける歌と歌謡語——「歌二娘古」発音と注釈」廣田律子編『ミエン・ヤオの歌謡と儀礼』大学教育出版，pp.55-71.

あ と が き

本書の執筆者は、大学で異文化理解や国際理解といった分野の初学者に対する教育に携わってきた経験を有している。そうした日頃の教育のなかで感じていたある種の困難ともどかしさが、本書刊行のきっかけになっている。

ある種の困難とは、異文化理解や国際理解を主専攻とはしない大学の学部を含めて、特に初めてこの分野に接する初学者に対して、どのように関心を持ってもらい、その楽しさを伝えればよいのか、という難しさである。特に、どのような本を教科書や参考書として取りあげるかという点に関しては、多くの場合、難題となる。

もちろん、異文化理解と銘打つ関連書籍は、文化人類学やコミュニケーション論などの専門家らによって多く出版されており、他方、国際関係論などを中心とする関連書籍も同様に豊富である。しかし、それらの書籍は、主な専攻として学ぶ学生を対象として記述されているものが多い。また、特定の専門的な視点に限定されがちなため、主専攻ではない学生らにとっては、教科書や参考書として利用しにくい側面があることも否めない。この点が、ある種のもどかしさとして感じられていたのである。

そこで、特に当初は異文化理解や国際理解に関心が薄い、他分野を専攻予定の初学者を想定して編まれたのが本書である。特定の学問分野に特化しない、広い視点から興味を持ってもらうきっかけとなることも意図した。本書の特徴を改めてまとめれば、以下の3点に集約できるだろう。

第1は、特に文化人類学による異文化理解の視点と、国際関係論を主とする国際理解の視点を軸に、社会学や民俗学、地域研究、美術史など他の学問分野の視点も合わせた多角的・複眼的な視座を重視したことである。つまり、一つの視点に特化しない、より広い意味での「異文化・国際理解」という編集方針をとった。

第2は、「異文化・国際理解」を海外や外国のこととしてのみ捉えるのではなく、それを他者理解と捉えることによって、自文化の身近な日常においても他者を理解することの重要性に着目したことである。

第3は、異文化理解や国際理解を主な専攻としない人々を含めた大学などでの初学者を対象に、関心を抱くきっかけとしてもらうべく、できる限り広い視点から具体例をもとに分かりやすい記述を心がけたことである。

また、入門書という位置づけを考慮し、各章末に付されている「参考文献」には、章内で引用した文献に限定せず、関連して読んでもらいたい文献も合わせて掲載している。

上記の意図や特徴が適切であったかどうかに関しては、読者の、なかでも本書を通して初めてこの分野に接する学生らの判断に委ねられる。実際に大学で講義を担当する立場からすれば、おそらく大教室での学生の反応が最も率直な評価となるだろう。

本書刊行においては、多方面からの支援と協力を頂いた。特に、各章の具体的な議論は、実際の講義のなかから生まれたものであり、聴き手との相互作用によって練り上げられたという意味で、学生の皆さんに感謝したい。また、本書執筆者の一部は、神奈川大学国際経営研究所における共同研究「異文化・国際理解の系譜」（代表：吉留公太）のメンバーであり、本書にはその成果も盛り込まれている。

最後に、出版をとりまく昨今の厳しい社会環境にも拘わらず、本書の意義を理解し刊行を後押し下さった丸善出版の方々に御礼を申し上げたい。

2016年11月

高城　玲

索　引

■あ行

アイデンティティ……25, 33, 46, 179, 187
青い芝の会……174-177
アボリジナルの人々……54, 56
アンダーソン……34

異国……85
異人種間・異民族間の結婚……54
イスラーム……100
移動……182-186, 188, 192
異文化……13, 27, 89, 96-98
異文化・国際理解……2, 3
異文化コミュニケーション……128
異文化表象……92
異文化理解……154
移民……47
李良枝……80
イラン……63, 72
医療多元論……148
インペアメント……173

ヴェーバー……35
ウエストファリア条約……38
ウルルン滞在記……91

エスニシティ……33
エスニック集団……33
エスノ・シンボリズム……36
エスノセントリズム……97
江戸時代……63

応報感情……124, 126
沖縄……128, 132
オーストラリア……46, 51, 56
男らしさ……158
親子強制隔離政策……58
オーラルヒストリー……25
オランダ東インド会社……64, 66
オリエンタリズム……97, 98
女らしさ……158

■か行

カテゴリー化……118
身体……144, 145, 153, 157
韓国人……81, 83

記憶……28, 141, 187
技術導入事業……132, 137, 139
北タイ農村……150
規範……121, 158
共生……14, 115
『魚群記』……139
儀礼……102, 181, 184, 187, 188, 189-193
近代化論……130
近代主義……36

偶像崇拝……100
グラフィティ……21, 22
グローバリゼーション……42

厳罰……123
権力……99

更生……124
構築……99, 117, 158
構築主義……37
皇民化……78-80
交流史……62
国際関係論……3
国民……32
国民国家……38, 39, 78, 83, 86

国家 ……………………………… 32, 33, 35
コミュニケーション ………… 169, 171, 173, 175, 178, 179
コーラン（クルアーン）………………… 100

■さ行

差異 ……………………… 6, 7, 13, 93, 180
差異化 …………………………………… 179
在日コリアン …………………………… 80
鎖国 ……………………………………… 63
サファヴィー朝 ………………………… 64
差別 ………………… 47, 81, 128, 137, 168
三十年戦争 ……………………………… 38
サンパウロ ……………………………… 22
参与観察 ………………………………… 17

ジェノサイド …………………………… 58
ジェンダー ……………………… 158, 162
ジェンダー秩序 ………………………… 164
ジェンダーの構築 ……………………… 162
疾病 ……………………………………… 144
シティズンシップ ……………………… 53
自文化 ………………………… 13, 14, 26
自文化中心主義 ……………… 97, 98, 159
市民権 …………………………………… 35
市民社会としてのネイション・ビルディング ……………………………………… 52
自民族中心主義（エスノセントリズム） ……………………………………… 97, 98
社会的反作用 …………………… 118, 121
社会統制機能 …………………………… 120
社会モデル ……………………………… 173
写本芸術 ………………………………… 110
周縁 ………………………… 15, 128, 131
宗教 ……………………………………… 34
宗教美術 ………………………………… 105
従属論 …………………………………… 131
主権国家 ………………………………… 38
主権国家体制（ウエストファリア体制）… 39
呪術 ……………………………… 105, 147
手話 ……………………………… 178, 179
障害者 …………………………………… 168
障害者運動 ……………………………… 174
障害の社会モデル ……………………… 173
消費 ……………………………… 90, 99
植民地 ………… 14, 41, 76, 129, 130, 137, 177
植民地支配 ……………………………… 131
自立生活運動 …………………………… 176
人口を増やすか，滅びるか ……………… 48
人種 ……………………………… 33, 129
人種差別 ………………………… 54, 136
人種差別禁止法 ………………………… 50
人種差別的中傷禁止条項 ……………… 55
身体 ……………………… 143, 145, 153, 156
身体の多様性 …………………………… 160
神話 ……………………………… 184, 186

図像化 …………………………………… 110

性的マイノリティ ……………… 158, 159, 166
聖なるもの ……………………………… 105
精霊 ……………………………… 105, 147
世界観 …………………………… 173, 179
世界経済 ………………………………… 131
世界システム …………………………… 141
世界システム論 ……………………… 128-130
世界帝国 ………………………………… 131
「世界の工場」…………………………… 77
セクシュアリティ ……………………… 158
セックス ………………………… 158, 162
先住民族 ………………………………… 56
染織品 …………………………………… 63
先進国 …………………………………… 130

造形表現 ………………………………… 105
相互行為 ………………………… 117, 118
宗主国 …………………………… 129, 130
想像の共同体 …………………………… 36
相対化 …………………………… 27, 28
祖国 ……………………………………… 85
存在証明 ………………………………… 179

■た行

タイ ……………………………………… 91
第一次世界大戦 ………………………… 40
体制転換 ………………………………… 43
台湾 ……………………………… 128, 132
他者 ……………………… 5, 125, 137, 140

他者との共生……124
他者理解……4-9, 11, 12
脱植民地化……41
多文化共生……194
多文化主義……47, 49, 51
多文化主義政策……49
多様性……3, 52, 114, 150, 158
単一民族社会……47

中心……131
調査する側とされる側……20
朝鮮人……81

帝国主義……40
ディスアビリティ……173
伝承の危機……194

東南アジア……90, 97
トランスジェンダー……157

■な行

ナショナリズム……14, 32, 37
ナチュラリスティックな体系……147

二重市民権……54
日系人……20
二分法……84
ニュース……118

ネイション……14, 32, 34

■は行

排除……14, 32, 47, 121, 169
白豪主義……48
パーソナリスティックな体系……147
発展途上国……130
ハディース……104
バリア……172
バリアフリー……170, 171, 173
バンコク……4
犯罪……115, 118
犯罪統計……122
犯罪ニュース……118
反作用……117
半周縁……131
秘境……94
美術史学……62
病因論……145
病気……143, 144, 150
表象……8, 90, 96, 99

フィールド……17
フィールドワーク……2, 9, 11, 17
普通……159
文化人類学……2, 20
文化相対主義……23, 148

保護……124
ポストコロニアル研究……128-130, 141
ボート・ピープル……54

■ま行

マイノリティ……168, 169
祭り……24, 28
まなざし……84, 89
マリノフスキ……17

未開……94
民間治療師……153
民族……32, 35
民族自決……41
民族自決運動……40
民族紛争……14, 32

ムハンマド……101, 102
ムラブリ族……92

名物裂……69
メディア……8, 89, 90, 98, 99, 115, 118, 168
目に見えない差別……81

モウル……65
モスク（マスジッド）……103
模倣……190

■や行

焼畑耕作……182, 186
病い……144

優生思想……168, 174, 177, 179
優生保護法……174
『由熙』……82
輸入代替工業化政策……130

預言者ムハンマド……101
横座り……159
横田弘……174
横塚晃一……177

■ら行

ラベル……117, 118
ラポール……20

編著者・執筆者紹介

【編著者】

高城玲（たかぎ りょう） 第1章，第7章を担当．神奈川大学経営学部教授．専門は文化人類学，東南アジア（タイ）研究．主な著書に『秩序のミクロロジー――タイ農村における相互行為の民族誌』（神奈川大学出版会，2014年），『甦る民俗映像――渋沢敬三と宮本馨太郎が撮った1930年代の日本・アジア』（共編著，岩波書店，2016年）などがある．

【執筆者】（五十音順）

阿部克彦（あべ かつひこ） 第5章，第8章を担当．神奈川大学経営学部准教授．専門はイスラーム美術史，イラン（サファヴィー朝史）研究．主な著書に「民衆のなかの聖なるイメージ――イランの聖者像から」『民衆のイスラーム――スーフィー・聖者・精霊の世界』（共著，山川出版社，2008年）などがある．

飯國有佳子（いいくに ゆかこ） 第12章を担当．大東文化大学国際関係学部講師．専門は文化人類学，東南アジア（ミャンマー）研究，ジェンダー研究．主な著書に『現代ビルマにおける宗教的実践とジェンダー』（風響社，2011年），『ミャンマーの女性修行者ティーラシン――出家と在家のはざまを生きる人々』（風響社，2010年）などがある．

大庭絵里（おおば えり） 第9章を担当．神奈川大学経営学部教授．専門は，逸脱・社会問題の社会学，犯罪社会学．主な著書・論文に「メディアは犯罪・非行をどう伝えているか」『改訂版 よくわかる犯罪社会学入門』（共著，学陽書房，2009年），「犯罪ニュースにおける犯罪の波」『犯罪社会学研究』（38，2013年）などがある．

古谷伸子（こや のぶこ） 第11章を担当．東京外国語大学アジア・アフリカ言語文化研究所フェロー．専門は文化人類学．主な著書に『時間の人類学――情動・自然・社会空間』（共著，世界思想社，2011年），*Communities of Potential: Social Assemblages in Thailand and Beyond*（共著，Chiang Mai: Silkworm Books, 2016）などがある．

杉田弘也（すぎた　ひろや）　第4章を担当．神奈川大学経営学部特任教授．専門は比較政治学，オーストラリア研究．主な著書に『労働と福祉国家の可能性――労働運動再生の国際比較』（共著，ミネルヴァ書房，2009年），『執政制度の比較政治学』（共著，ミネルヴァ書房，2016年）などがある．

泉水英計（せんすい　ひでかず）　第13章を担当．神奈川大学経営学部教授．専門は文化人類学，沖縄現代史．主な著書に『帝国を調べる――植民地フィールドワークの科学史』（共著，勁草書房，2016年），『日本はどのように語られたか――海外の文化人類学的・民俗学的日本研究』（共著，昭和堂，2016年）などがある．

中野紀和（なかの　きわ）　第2章を担当．大東文化大学経営学部教授．専門は文化人類学，日本研究．主な著書に『小倉祇園太鼓の都市人類学――記憶・場所・身体』（古今書院，2007年），『トランスナショナルな「日系人」の教育・言語・文化――過去から未来に向かって』（共著，明石書店，2012年）などがある．

廣田律子（ひろた りつこ）　第14章を担当．神奈川大学経営学部教授．専門は中国祭祀儀礼研究．主な著書に『中国民間祭祀芸能の研究』（風響社，2011年），『ミエン・ヤオの歌謡と儀礼』（編著，大学教育出版，2016年）などがある．

八尾祥平（やお　しょうへい）　第6章，第10章を担当．神奈川大学非常勤講師．専門は社会学，移民（華僑華人）研究．主な著書・論文に「1950年代から1970年代にかけての琉球華僑組織の設立過程――国府からの影響を中心に」『華僑華人研究』（2011年）などがある．

吉留公太（よしとめ　こうた）　第3章を担当．神奈川大学経営学部准教授．専門は国際政治史，国際関係論，米欧関係研究．主な著書・論文に「メイジャー政権の国際秩序構想とその挫折――ボスニア紛争への国連の関与をめぐる英米対立」『国際政治』（173，2013年），『危機の国際政治史――1873-2012』（共著，亜紀書房，2013年）などがある．

大学生のための異文化・国際理解

差異と多様性への誘い

平成29年 1月31日　発　　行
令和 3年 1月30日　第3刷発行

編　者　高　城　　玲

発行者　池　田　和　博

発行所　丸善出版株式会社
〒101-0051 東京都千代田区神田神保町二丁目17番
編集：電話(03)3512-3264／FAX(03)3512-3272
営業：電話(03)3512-3256／FAX(03)3512-3270
https://www.maruzen-publishing.co.jp

組版・月明組版
印刷・株式会社 日本制作センター／製本・株式会社 星共社

ISBN 978-4-621-30125-8　C1036　　Printed in Japan